日本のロック名盤ベスト100

川﨑大助

講談社現代新書
2329

目次

第二部　米英のロックと比較し検証した日本のロック全歴史

はじめに

永遠の名盤を選ぶ

シンプルな疑問から、僕は本書のアイデアを得た。

「なぜ日本のロック音楽には、今までただのひとつも、ランキングされたオールタイム・ベストの名盤リストがないのだろうか？」

日本にロック音楽の歴史がない、のなら、しょうがない。あるいは、日本にロック音楽の批評家がいないのならば、これもしょうがない。しかしどちらも、ないわけではないのに、なぜか「肝心要のリスト」だけがないという事実に、あるとき僕は気がついた。

だから僕は、それを作成することを始めた。日本のロックの名盤アルバムを、一〇〇枚選ぶ。そして一位から一〇〇位まで順位を付けて、リストにする、というのが僕の「アイデア」だった。

僕の知る限り、こうしたものをまとめ上げて、広く公表した書き手は僕以前にはいなかった。ヴァージン・スノーを僕は踏んだ。最初のリストは二〇〇七年八月、雑誌〈ローリング・ストーン〉日本版の九月号に掲載された。本書に収録されているリストおよび記述は、そのアップデート版であり、完全版となる。

「オールタイム・ベストのアルバム」とは、「永遠の名盤」と言い換えてもらってもいい。順位は僕ひとりの判断によって決した。といっても、僕の「パーソナル・ベスト」を記したものではない、ということは最初にお断りしておきたい。パーソナル・ベストならこんな順位にはならない。ラインナップおよび順位は、ロックンロールのミュージアムがあったとするならば、僕がその学芸員になったつもりで、考えに考え抜いた結果のものだ。ラインナップと順位の決定の方法については、のちほど述べよう。

こうしたリストが「なければいけない」と僕が考える第一の理由は、元来とても有用なものだからだ。たとえばこんな状況を想像してみてほしい。あなたに外国人の友だちがいて、その彼または彼女が、「日本のロック音楽を聴いてみたい」という希望を持っていたとしよう。そんなときに役立つのが、今回のリストだ。まさに本書も、そうした用途に使用できるように僕は構想した。

具体的には、こんなふうにリストは活用できる。あなたがビギナーだったら、つまり「日本のロック」にあまり親しんだことがない人だとしたら、最初に、リストの一位のアルバムから聴いてみるのはどうだろうか。それが気に入ったなら、一枚ずつカウントアップしていく、という形でのリストの使用法がひとつあるだろう。二〇位ぐらいから一位へと、カウントダウンしていってもいい。あるいはランダムに、順位を飛ばし飛ばしに聴いていくことすら容易だ。そこに「ランキング」さえあれば。

ざっと以上が、「順位付けされたベスト・リスト」があった場合の有用性だ。しかし逆に、どこにも「ランキングがない」としたら、どうか。

件《くだん》の外国人の友だちには、こう言うしかない。

「手当たりしだいに、適当なものでも聴いてみれば？」と。何をどう薦めたとしても、受け取り方なんて百人百様なのだから、と。

「絶対的な名盤」などというものは日本のロック音楽にはなく、だから「ランキング」という形でのヒエラルキーもなく、ただただ、私はこれが好き、私は好きではない、と、無意味な相対性だけが平坦に広がるだけの、価値軸も不鮮明な、脱構築的な荒野しかないのだから――そう説明する以外にない。

だが、それは事実ではない。日本のロック音楽が、無意味の荒野に点在するしかない、どんぐりの背比べ的な、似たり寄ったりの凡作ばかりだとは、僕はまったく思わない。いいレコード、注目に値する芸術的冒険や文化的貢献を達成できた作品は、じつはかなりの数に上る。

ではなぜに、僕がやってみるまで「順位付けされたベスト・リスト」がなかったのか、というと、まず最初に考えられるべき原因は、日本のロック音楽の批評家やメディアの怠惰のせいだろう。あるいはもっと根深い問題かもしれない。日本の音楽産業界とその周縁には、「まともな批評行為」が存立し得るための基礎的条件が、決定的に不足しているのかもしれない。

日本のロック音楽にかんするテキストは、川上（商品に投資し製作をする企業側）と川下（消費者＝聴き手側）の双方におもねるだけの提灯記事であればいい、という風潮は、暗黙の了承といったレベルを超えて業界の隅々にまで浸透し切っている。こうした構造的腐敗こそ、商業芸術において命取りとなるものの第一だろう。今日の日本のロック音楽の衰退、その直接的原因のひとつは確実にこれだ。

序列があればこそ

芸術的価値の評価には、序列がなければならない。「序列が生じるもの」こそが「芸術的価値」なのだ、と言い換えてもいい。

すべての芸術には等しく価値がある、というのは真実かもしれないが、だからといってこれを「すべての芸術には『等しい』価値がある」と誤読するのは悪質な欺瞞《ぎまん》だ。三歳児が初めて描いたクレヨンの絵とダ・ヴィンチの諸作が「等価」のわけはない。

ファイン・アートであるならば、価値を測るわかりやすい指標のひとつが、オークション会場にて競《せ》り落とされた金額だろう。美術館の存在も同様だ。美術品を購入し、蒐集《しゅうしゅう》し、分類・保存して、ときに広く公開する、という美術館のメカニズムを維持するためには、きわめて大きな資力や労力が投入されなければならない。ゆえに一国を代表する美術館は、通常、属する国家の威信そのものと等号で結ばれている。「美術館の収蔵品となる」ということが、明確な価値評価の基準と見なされるのはそのためだ。

だからこう言うことはできる。もし地球上に美術館がなくなってしまったならば、三歳児は永遠に絵を描くことが上達しない、かもしれない、と。ヒエラルキーがあってこその「価値」なのだ。それがあればこそ、「本流とは違うオルタナティヴなもの」も、存在できるだけの余地が生じてくる。こと西欧に起源を見いだすことができる種類の芸術は、このメカニズムによって長き時の流れを乗り越えてきた。中心的な価値軸を守りながら、今日に至るまで発展を続けてきた。

だから当然にして、ロック音楽の世界にもそれはある。英語圏には、ロックにも厳然たる「ランキング」がある。ロックが生まれた国であるアメリカがとくに積極的で、ありとあらゆるランキングが、つねに、いたるところで発表されている。最も広く注目を集めるのは、批評家が選び、有力メディアにて発表されるものだ。ひとたびランキングが世に出たならば、賛否の双方で喧々囂々《けんけんごうごう》の意見が百出、無数の議論が巻き起こる。そうやってあらゆる形で「価値を評すること」に自ら参加していくことを楽しむのが、英語圏の(あるいは、英語を使うことができる)ロック・ファンの一般的な流儀というものだ。

なかでも、いつも発表されるやいなや百家争鳴となること必定なのが、アメリカの老舗ロック音楽雑誌〈ローリング・ストーン〉のリストだ。一九六七年にサンフランシスコにて創刊された同誌は、いまや「ランキング・リスト」作りをとても得意としている。最も有名なものが、二〇〇三年に発表された「Rolling Stone's 500 Greatest Albums of All Time」だ。「〈ローリング・ストーン〉が選ぶ最も偉大なアルバム、オールタイム・ベスト五〇〇枚」という意味のリストで、基本的に英語の作品のみが選考対象となっている。五〇〇位のアウトキャスト『アクエミニ』から、一位のビートルズ『サージェント・ペパーズ・ロンリー・ハーツ・クラブ・バンド』まで、ランキング形式で紹介されている。このリストが大きな反響を呼んだことを受けて、同誌はそれから、いくつもの「オールタイム・ベスト・リスト」を世に放った。たとえば「最も偉大な歌五〇〇曲」「最も偉大なギタリスト一〇〇人」「最も偉大なシンガー一〇〇人」「最も偉大なアーティスト一〇〇」……ほか無数のランキングが、同誌ウェブサイトの「リスト」欄を舞台に日夜増え続けている。「読者が選ぶ九〇年代のベストTVショウ」から、「アメリカで発売禁止となった過激なアルバム・カヴァー二〇枚」なんてところまで、その勢いは止まるところを知らない。そしてもちろん、これら多彩な「ランキング」の最上位に位置づけられているのが「オールタイム・ベスト」もののリストであることは、論を俟《ま》たない。

日本のランキング・リスト

本稿の冒頭で書いた「シンプルな疑問」を僕が抱いたのは、まさにこの〈ローリング・ストーン〉アメリカ版〇三年の「アルバム・リスト」を最初に目にしたときのことだった。「日本にそれがない」ことが、ゆゆしき問題だと僕には思えたのだ。

もっとも、日本の音楽雑誌にも、一年に一度、前年度のみを振り返っての「ベスト」リストは当時すでにあった。あるいは、八〇年代や九〇年代など、ディケイドを区切ったり、ジャンルを細分化した上での「ベスト」リストはあった。しかし「最も重要な」オールタイム・ベストのリストがないままだった。つまりそれは、こういうことを意味する。

「日本のロック音楽のアルバムは、誰もが納得できる『永遠なるベストの一枚』がいまだ選ばれてはいない。〈ローリング・ストーン〉アメリカ版における『サージェント・ペパーズ』を、日本人はまだ発見することができていない」ということを。

芯となる、基軸となる価値判断が示されていないのだから、日本のロック音楽の全体に威信はなく、ゆえにそれは、文化の体系ですらない。「かくあるべき」文化のヒエラルキー構造を欠いたまま、悪しき相対主義と事なかれ主義に支配された、混沌のみが拡散し続ける無明の世界――だという意味にしかならない。なのに当の日本人側が「だってそんなものなのでしょう」と、はなからさじを投げて、ぼんやりと絶望しきっているかのように、そのときの僕の目には映った。

そこで僕は、本書へとつながる、このアイデアを得た。「日本のロック音楽の名盤」、オールタイム・ベストのランキング・リストを作ることを思いついた。

まず隗《かい》より始めよの故事どおり、このアイデアを僕は、〈ローリング・ストーン〉日本版の編集部に提案した。〇七年の春のことだ。提案は特集企画として採用されたのだが、予想に反して、僕ひとりがランキングを作成し、記事のすべてを執筆することになった。当初僕は、アメリカ版の同誌と同様、何人かの合議制によってランキングを決定すべきだと考えていた。その思惑とは違って、「隗より」どころではなく、僕という「隗だけ」で作成されたリストが、「ローリングストーン日本版が選ぶ日本のロック・アルバム名盤ベスト１００」と銘打たれて、同年の九月号に掲載された。

このランキング・リストは、発表直後から、英語のウェブサイトに幾度も順位が転載された。日本のロックに興味がある外国人にとって、ひとつの価値判断基準となり得たのだろう。だから日本のロック・アルバムについて述べられたウィキペディアのページでも、僕が選考したこの「ベスト100」の順位はよく引用されているようだ。

国内ではこんなリアクションがあった。その「ベスト100」が発表された数ヵ月後、〈スヌーザー〉という日本のロック雑誌の十二月号が、「日本のロック／ポップ・アルバム究極の150枚」と題したランキング・リストを発表した。〈ローリング・ストーン〉日本版のリストに対抗したものである、という趣旨が、その誌面には明記されていた。こうした後進の動きを僕は歓迎したし、「談論風発」となることを、大いに期待した。しかしそうはならなかった。同誌のあと、日本のロック・アルバムについての「オールタイム・ベスト」リスト作りに挑んだ企画を、僕は目にしていない。

二〇〇〇年代までの「完全版」

本書に収められたリストについて説明しよう。〇七年に〈ローリング・ストーン〉日本版に掲載されたリストは、僕が作成したものに、編集部の意向による改変が加えられていた。また、それぞれのアルバムについて記したテキストにも、かなり大幅な加筆修正がおこなわれていた。とくに後者は、僕の了承を得ずに実施されたものも多数あった。

当時の同誌編集部には、記名原稿を筆者に無許可で改変していい、とする方針があった。伝え聞くところによると、モノ情報誌系の男性ファッション誌の業界では、そうした慣習はごく普通のことであり、〈ローリング・ストーン〉誌の日本版でもそれが踏襲されていた、とのことだった。だとしても僕としては容れることができない慣習であり、ゆえに、しばらくして僕は同誌への寄稿を停止した。

これがまずひとつ、本稿の冒頭にて僕が本書のリストをこそ「完全版」と呼んだ理由だ。不本意に改変されてしまったものを、本来意図していたものへと戻した、という意味がある。もうひとつ、今回のリストが、〇七年から今日までの時代相の変転を反映した「アップデート版」だということも強調しておきたい。順位や取り上げる作品などについて、いまの目で見てより妥当だと思える内容へと自ら微調整をおこなった。最初に作ったときから、短くはない時間を経過したのちに見直してみた結果、今回のもののほうが「オールタイム・ベスト」なる名辞により相応《ふさわ》しいものとなっている、という実感がいま僕の中にはある。

また今回は、執筆時の時点から見て「ごく最近に発表されたアルバム」はリストから除外するという方針を立てた。これも前回の反省からだ。時代とともに評価が変わっていくもの、というのは、ロック音楽の場合、じつは少なくはない。発表後しばらくしてから評価が高まっていくものもあれば、逆のケースもある。こうしたことの影響をできうるかぎり避けるため、本書のリストでは、二〇〇〇年代に発表されたものまでを選考の対象とした。事前にご了承いただきたい。

ツイていたロックの国

歴史の偶然によって、日本という文化圏は、東アジアの中で唯一、ロックンロールにかんしては、「とてつもなく、ツイていた」と言うことができる。その文化の誕生の瞬間から今日まで、非常にいい位置で脈動の仔細をキャッチアップし続けることができた。

誕生の直前までは、「オキュパイ」されていて、なんと実質的にアメリカ合衆国の直接的な管理下だった。だから、こと「ロックンロール至上主義」の立場から——それはつまり僕の立場でもあるのだが——そこから見てみたならば、これは僥倖《ぎょうこう》と言うほかない。非英語圏、非西欧圏としては、類例を見ないほどの充実した環境、その連綿たる歴史が、聴き手とミュージシャンの双方にある。今日に至るまでの、日本においての「ロック音楽の文化的蓄積」は、まさに、宝だ。これだけは、誰がどうしようとも、いまさら決して奪うことはできない性質のものだ。

五〇年代にロカビリーが伝来したこと。六六年にビートルズが来日公演をおこなったこと。七〇年代のパンク・ロック。八〇年代のヒップホップ……自由主義陣営の一員として、これらすべてをリアルタイムで享受できたというのは、享受できるだけのささやかなる豊かさがあったというのは、なんと恵まれたことだったか。今日、日本の産業界は韓国に中国にリードを奪われ、経済規模でも優位性を失い、いたくプライドを傷つけられている人々もいる、と聞く。もう勝ち目はないのかもしれない。だがいいじゃないかと僕は思う。日本にはロックンロールがあったのだから。「ロックンロールの歴史」にかんしては、いまさら時間を巻き戻すことなんて無理なのだから。ロックンロールにかんして「だけ」は、日本には圧倒的な文化的蓄積のアドバンテージが、残っているはずなのだから。

このことを正しく認識していくためにも、本書は機能するはずだ。そして、名盤を名盤として位置づけていくことは、日本のみならず、全地球的なロックンロール音楽の広がりの中において、その文化体系の健康的な伸張へと寄与できることと僕は信じる。日本人のみならず、世界中にいてもおかしくはない、「日本のロック音楽に興味がある」外国人、音楽をつうじて友だちになれるかもしれない人々の全員に向けて、僕はこの本を書く。

日本のロックンローラーたちは、これら一〇〇枚の名盤を生んだ。それって結構いかしたことだったんじゃないか、と僕は思う。

どのように順位を決めたか〜凡例にかえて

ロックとは「舶来」の音楽だ

本書で使用する語句の凡例について述べよう。

まず、本書では「ロック（Rock）」という言葉を「ロックンロール（Rock & Roll）」とまったく同義のものとして扱う。「ロックンロール」と「ロック」が違う種類の音楽を指す、という言説が日本にあることも知っているがそれは間違いだ。少なくとも英語圏では、「ロック」という呼称が支配的になった時代（六〇年代後半）以降もずっと、今日に至るまで、「ロックンロール」という言葉も同時に、かつてと同様の意味で、現役のものとして使用され続けている。つまり「ロック」とは、たんに「ロックンロール」の略称でしかない。これが唯一の正解だ。

では「ロックンロール」とは何か？　まず、アメリカ英語の言葉だということだ。音楽のジャンル名として使用される前から、ロックンロールという言葉はアメリカにあった。この言葉がアメリカのものである以上、ロックンロール音楽とは、きわめてアメリカ的な特産品だったということだ。ベースボールやコカ・コーラ、ブルー・ジーンズとほぼ同様に、ヨーロッパ旧大陸からの係累の糸を引きながら、移民のるつぼとしてのアメリカ合衆国にて、独自にミックスされて誕生した文化のひとつだ。これが形成されてきた経緯については、別項で触れたい。

ここでひとつだけ言うべきことは、元来、日本語世界にあった文化風俗のすべてと、ロックンロールとは「一切なんの関係もなかった」ということだ。ロックンロールという概念、感覚、あるいは音楽ジャンルとしてのロックと、日本人も日本文化も、まったくなにも関係してはいなかった。だから当たり前の話として、日本語世界の中にいる日本の人がロックンロールに惹かれてしまったならば、ときに、かなりまずい立場に置かれてしまうことだってあり得る。ことによったら、生まれてからずっと背負ってきたはずの文化体系の一切合切を「どうでもいいや」と思えるようになってしまう、かもしれない。

冗談ではなく、そんな化学反応を起こしてしまう劇物のような効果すら、ロックンロールは発揮してしまうことだってある。あのピューリタン的だったアメリカ社会をも、永遠に変えてしまったようなすさまじい威力を、元来、ロックンロールは宿しているものなのだから。

とにもかくにも、「ここが日本だ」という問題はとても大きい。僕がここで言う日本とは、日本国の主権が及ぶ範囲、日本語を主言語とする民族集団によって形成された文化的領域、および、その領域の中で生を受けたか、あるいは後天的に領域内の住民の一員となった者を内包する社会、といった意味が重なり合ったものだ。先祖代々にわたって数千年前から、「この重なり合い」は不変である、という信念を持っている人々も、日本に住む人の中には多いと聞く。

本書における「日本のロック」とは、この「重なり合った」日本という意味性を、なんらかの形で背景に持つものだと考えてもらっていい。だから本書に登場してくるアーティストたちは、そのほとんどが、大変な苦労をしているとも言える。「古来から不変の日本」と、舶来の新文化に「かぶれて」しまったロックンローラーとが接したときの摩擦。これを各人が引き受けざるを得ないからだ。

こうした様相をごく普通に観察してみたならば、日本に伝来してきたロックンロールと、それに「かぶれた」一部の日本人との関係とは、まるで戦後民主主義のアナロジーのようにも見えるはずだ。

民主主義もロックンロールも、一方的にアメリカから、戦後の日本人に与えられたものだ。どちらも戦前までの日本にはなかった。つまり数千年前からずっとなかったし、自前では発想することもできなかったものを、国力のすべてを投入したあげくに惨敗した戦争のあとで「突然に外的に」与えられた、わけだ。そのせいで起きた大騒ぎの一端について、これから僕は語ろうとしている。

日本人がロックンロールを知ったのは、それが成立した瞬間とほぼ同時だった。一九五〇年代の半ば、「与えられた」戦後民主主義がまだ光り輝いていたころのことだ。だから言い換えると、「とくに」日本人にとってのロックンロールとは、「夢と希望の音楽」と同義だったに違いない。明るい未来を信じる者こそがロックンロールに手を伸ばした。彼ら彼女らは、きっとこう信じたはずだ。ロックンローラーになれば、自分もアメリカ人のようになれるかもしれない、と。俺ら、私らは、新しい、国際的な、「戦後の日本人」になるんだ、「その先には間違いなく幸せがあるのだ」と。ときにそれは、「戦前まで」のすべての体制と価値観の一切合切に対して、「知ったことか」と言ってのけてしまうことにもなってしまったはずだ。

そんな「第一世代」の様子を目にして痛快だと感じた、つまり短慮の者にもまた、次々にロックは「感染」していった。

日本語の問題

さらに忘れてはならないことがある。「ここが日本だ」ということとの、悩ましくも抜きがたい問題の根源は、「日本語をどうするのか」ということにつきる。ロックンロールとは、いまもってなお、基本的に英語圏のものだ。その「歌」のありようが、英語の音韻と語順、抑揚によって、分子レベルまで完成しきったのちに、世界中に伝播していったものだからだ。これを各国語に翻訳、あるいは翻案しつつ、「悪しき土着化」を防ぐのは困難をきわめる。日本語という、徹頭徹尾、英語とは根本的に違う特性と構造を持つ言語にてそれを実践しなければならないのであれば、なおさらだ。

それゆえ日本のロックは、歌謡曲という最大にして最強の敵との、いつ果てるとも知れない戦いを宿命的に背負わざるを得なかった。たとえば忌野《いまわの》清志郎が、ことあるごとに歌謡曲を敵視する発言を繰り返していたのには意味がある。まさしく戦後の歌謡曲の本流とは、日本のロックの異母兄弟だとも言えたからだ。だからまるで廃嫡された不良息子が本家の跡取りにからむようにして、「カヨー曲はよお」と、清志郎のような態度をとる日本のロッカーは多かった。標準的なスタンスがこれだった、と言っていい時代すらあった。

さらにまた、日本のロックは「ニューミュージック」や「Jポップ」といった、空疎なジャンル用語や概念とも思想戦を繰り広げなければならなかった。これらはあたかも地縛霊のように、「ロックを取り込もう」と取り憑いてきた。ロッカーはこの呪いを祓《はら》いつつ前進していかねばならなかった。それは大変な道のりだった。

だから本書で挙げた一〇〇枚の多くからは、「日本語の冒険」といった物語すら読み取ることができるだろう。「日本語のままロックする」「日本という文化の中でロックする」という、ほとんど語義矛盾のような目標に、これほどまでに多くの人々が果敢に挑んでいった、という事実は、まさに壮観の一語につきる。

芯がロックであるということ

というわけで本書では、「元来のロックンロール」、つまりアメリカやイギリスからの係累の糸を引きつつ、それをどうにかして「日本のもの」にしようと格闘しているものだけを選んだ。日本独自に発展した映画も現代文学もあり得ないように、オリジンに敬意を払わず、努力してその文化を引き継いでもいないような「ロックふうの日本製の特殊な音楽」に、評価するに足る意義を見いだすことは僕には不可能だ。

日本のロック音楽の中で、まっとうなもの、ある程度の品質を備えたものは、そのほとんどすべてにアメリカやイギリスのロックンロールからの明確な引用がある。この引用についてもできるかぎり具体的に記していく。といっても盗用や剽窃《ひょうせつ》を指弾するものではない。なぜならば、まずもってロックンロールというものは、そもそもが「いただき」の文化だったからだ。五〇年代のアメリカで誕生した瞬間からつねに、源流のどこかから引用し、借用し、変形させ、その場その場で目の前の何かに向けて叩きつけられてきたものが、進化と発展の歴史のすべてだった。

また逆に、音楽スタイルが「外形的に」古典的なロックの形式をどれほど忠実になぞっているかどうか、といった点は問わなかった。その奥にある精神性が「元来のロックンロール」を聴いたときに起こる感覚と相通じるものであるかどうかに重きを置いて選んだ。これはアメリカ版〈ローリング・ストーン〉誌のリストの選択方式に倣《なら》ったものだ。

こうして捕まえた、言うなれば「広義の」ロックンロールを指すときに、僕は「ポップ」音楽という言葉を使う。「ポピュラー」の略の「ポップ」ではない。六〇年代アメリカのポップ・アートに先導されて起こったポップ革命の「ポップ」だ。だから僕が使うポップ音楽という言葉は、ロックンロールそのものと、その影響下にある大衆的な商業音楽の全体、といったほどの意味だ。五〇年代中盤以降、資本主義世界における大衆的な商業音楽はすべて、ロックンロールの亜種もしくは変種、あるいはカウンターとしてのみ存在している。ポップ音楽、というタームで、広義のロックンロールを網羅し、そこから本質へと近づいていくことをも、本書のリストで僕は試みた。

また、一部の例外を除いて、一アーティストについて一枚のアルバムをのみ、選ぶことにした。そのアーティストの最高傑作を見極めて選定した、ということでは必ずしもなく、このことにはふたつの意味がある。まずひとつ、「そのアルバムが歴史の中で果たした社会的意義の高さ」という観点からの評価を重視したからだ。ほかのミュージシャンへ、あるいは一般の文化風俗、さらにはもっと広い領域への影響力の波及などを重要なチェックポイントとした。

同時にもうひとつ、こんなことも意識した。本書に取り上げられた一枚に興味を持ったなら、そのアーティストのほかの作品へと聴き進んでいきたくなるような、「入り口」ともなれるようなアルバムをこそ選ぶことを心がけた。

五つの指標と「レコードじゃんけん」

リストの順位の決定方法について説明したい。最初に作ったリストも、今回のものも、プリミティヴかつ実務的な手順によって僕はそのランキングを決した。

第一段階は、「名盤」たるべき一枚のアルバムをイメージし、その資格となる要件をいくつかの項目に分類してみることから始めた。そして、それぞれの項目について、個別の一枚を対象にポイント制で数値化して判定し、合算して、まずは暫定的な順位を決めた。

では「名盤」の資格たる要件、とはどんなものがあるだろうか？　僕は、以下のように分類してみた。その指標は五つある。

まず一番目は、ある種の音楽的一徹さ、研究熱心さだ。日本人にとって「外来の」文化の最たるもののひとつであるロック音楽を、自らの表現として選びとったのだったら、そこからの人生は端的に言って、「長く険しいロックという修行の道に入った」という意味を持たざるを得ない。外来の音楽文化に入れ込んでしまうことが、すなわちそういう意味を持ってしまうという構造は、大正期にジャズに焦がれた先人たちの時代からなにひとつ変わっていない。これを「ロック追求度」と名付けようか。「自分のスタイル、音楽性」のオリジンを敬愛し、研究し、肉薄していく態度と能力、双方の度数を推し量ってみたものがこの指標となる。

二番目は、その逆の「オリジナリティ」だ。オリジンを追求しているだけでは、どこまで行っても研究生の域を出ない。研究した上に「自分ならでは」のスタンプを押すことが叶えば――その音楽家は、ひとりの自律した芸術家たり得る出発点に初めて立てることになる。だからこの指標の高低も、とても重要だ。

三番目は、そのオリジナリティの内実を問う。これを僕は「革新性」という指標から判定する。ロック音楽というひとつの文化の体系、大きな河の流れを、次の時代へと前進させていくことに寄与したかどうか。前述のオリジナリティの発露が「他者にとって有意義なもの」として、文化体系の維持や進化に貢献したかどうかを問う。もっともこれは、「前衛であること」を必ずしも重視しはしない。別項で詳しく述べるが、そもそもロックンロールとは、ブルースの再発見という意味で「復古調」のファクターも大きいものだった。また、それを白人中産階級の十代の消費者に提示してみたわけだから、「右のものを左に」的な発想も大きかった。別の言いかたをすれば、「ボーダーを超える」ような発想だろうか。これらの着目やアイデアが、ポピュラー音楽全体に対する革新へとつながっていった。だからロック音楽には「これは永久革命である」という宿命が、その当初よりプログラムされていたとも言える。ゆえにロックを志したならば、「革新性」を問われてしまうことは避けようがない。

四番目は、本来ならば「大衆性」と言い切ってみるべき指標だ。つまり、一番から三番の指標にて評されるような要素が、「聴き手に理解されて、支持されたのか」を問う。しかし、そもそも日本におけるロック音楽とは「大衆が広く好む」ものではなかった。だからたとえばＮＨＫの紅白歌合戦に出るようなバンドは、ロック・ファンからは無条件に軽んじられるような傾向があった。ここでは、そうした「ロック・ファンの視線」のほうをこそ指標化してみた。言うならば「コア度」だろうか。「コアなロック・ファン」から、「あれは本物だ」と言われるか、どうか。これは日本においては、ある意味で「売れる」ことよりもずっと重要だ。

そして五番目、最後の指標が「影響度」だ。これは同時代的に、あるいは後進に、どれほどの影響を「肯定的な意味で」与えることができたかを問う。さらに、前述の「コア度」よりもずっと広い領域を見ていく。ファンやミュージシャンへの影響だけではなく、社会的に、文化風俗的に、その一枚が与えた影響を観察し、指標化した。

このそれぞれの指標について、点数を設定した。一番から四番までは満点を一〇〇点として、五番のみ、最も重要な指標であるという意味で満点を二〇〇点として設定した。これらすべてをカウントしたのち、その総計の多寡によって順位を決していった。

このときに内容を確認してみるべき「名盤予備軍」となるアルバムについては、膨大な、無数とも言える候補の中から、ある程度の絞り込みをおこなってみて決した。その絞り込みとは、時代区分による選定だ。七〇年代前半で一〇〇枚、後半で同数——と、各時代において名盤の誉れ高いアルバムを中心に、「隠れた名盤」にも留意して、およそ一〇〇〇枚内外の一群を、僕はまず用意した。そこから絞り込んで十分の一にしていく段階で、「五つの指標」にて数値化した判定を試みていった。その結果が、本書のリストになった。

ちなみに、第一位のアルバムの点数は以下のようになった（そのアルバムが何なのかは、ここでは触れない。以下同）。指標の二番の「オリジナリティ」、三番の「革新性」は満点の一〇〇点ずつ。五番の「影響度」も満点の二〇〇点。しかし、彼らのスタイルは当時、「コア・ファン」のあいだに論議を呼んだ。だから「コア度」は意外に低くて、六〇点。また、二番、三番のスコアが高いことの裏返しとして、一番の「ロック追求度」も満点とはいかず、九〇点として、合計で五五〇点。これがハイエスト・スコアとして一位となった。

第二位では、一番と三番が九〇点。二番が八〇点。そして「コア・ファン」からの支持は一位より高い八〇点。「影響度」の五番はこちらも二〇〇点で満点。これで計五四〇点だった。

このチャートの上位、とくに一位から二〇位までのアルバムは「影響度」はどれも満点かそれに近いスコアだった。

だから三位も五番は二〇〇点。一番も満点で、一位、二位のアルバムよりも高い。より「本物のロック」指向だったわけだ。しかしそのぶん、二番の「オリジナリティ」が幾分低い。七〇点だ。そうなった理由は、一位と二位のアルバムを作ったアーティストの影響下にあった、からかもしれない。三番は九〇点。四番も二位には幾分劣った七〇点、合計で五三〇点と判定した。

とはいえ、ここで僕がカウントした数値は、本書のランキング・リストに記載してはいない。前述のようにして一度点数を与えて順位化してみたアルバムを、さらに「別の方法」で僕は検証してみたからだ。その検証の過程で、最初にカウントした数値の妥当性もチェックして、疑問があれば数値の調整をした。だからご興味がおありのかたは、掲載されたそれぞれのアルバムの五つの指標の具体的なスコアがどうだったのか、ぜひご自分で想像をしてみていただきたい。

さてその「検証の方法」だが、僕はこれを「レコードじゃんけん」と呼んでいる。まず最初に、ランキングの中から二枚のアルバムを抜いて持つ。たとえば、一位と二位に「暫定的に」置かれている二枚を、それぞれ、右手と左手に持つ。そして、暫定的な順位とは「逆順」にて、上下に重ね合わせてみる。それをテーブルや、床の上に置いてみる。そして「これでいいのか」と、学芸員としての自分に訊く。「いいや、上下が逆であるべきだ」と思ったなら、序列を入れ替えてみる。そしてさらに、そもそもの五つの指標とスコアリングに、瑕疵《かし》がなかったかどうか、両者の数値を見比べてみる。どこかおかしいと感じるところがあったならば、両者のあいだでの相対的な判断をもとに、より妥当と思えるスコアへと数値を調整してみる。これが落ち着いたなら、別のペアでも同じことをおこなう。次にその両者を突き合わせてみる。これでまた疑問が生じたなら、またスコアを検証してみて、さらに入れ替えがおこなわれる……。

と、どこから見ても、小学生の人形遊びのようにして、僕は最後の検証作業をおこなった。楽しくも、同時に骨が折れる作業でもあった。真剣なる遊戯という意味で、この方法はロックンロールの本義に沿った行為だったと僕は考えている。

極東の島国のロック

娯楽文化は、ときに国境も文化圏も軽々と、楽々と越えてしまうことがある。たとえば今日の地球上における英語の優位性を決定づけた最大の要因は、それが機能的な言語だったから、という理由だけで説明できるものではないはずだ。アメリカ映画やロック音楽のお陰に違いない。エルヴィス・プレスリーもビートルズもその歌が英語でうたわれていたから、「英語のロックンロールが世界中に伝播していった」から、音楽をつうじて英語に親しむ人が多く、優位性の基礎になったと考えることが妥当だ。

この全地球的な文化の体系の一部に、極東の島国の、民族言語の堅牢なる囲いの中に囚われている「日本の人」が作り上げたロックですらも、明確に位置しているのだ、ということを、本書で僕は証明してみたい。

かつて、ホンダやソニーの画期的な新商品やそのアイデアが、日本の外で高い評価を受けたことがある。それらが世界のいたるところで人気を集め、大衆文化の流行を先導したのみならず、社会生活の広い範囲にわたって大きな影響を与えたことがある。それと並び称していいほどの事例すら、日本のロック音楽にはあった。米英の本流と互角に渡り合い、彼ら彼女らを感嘆せしめ、あまつさえ「真似される」ほどの成功を収めたアーティストや作品も、たしかにあった。

この一〇〇枚の中にそれはある。ぜひあなたの目で確かめてほしい。

第一部　日本のロック名盤ベスト100

〈日本のロック名盤ベスト100チャート〉

1位 はっぴいえんど『風街ろまん』／71年……40
2位 RCサクセション『ラプソディー』／80年……42
3位 ザ・ブルーハーツ『ザ・ブルーハーツ』／87年……44
4位 イエロー・マジック・オーケストラ『ソリッド・ステイト・サヴァイヴァー』／79年……46
5位 矢沢永吉『ゴールドラッシュ』／78年……48
6位 喜納昌吉&チャンプルーズ『喜納昌吉&チャンプルーズ』／77年……50
7位 大滝詠一『ロング・バケイション』／81年……52
8位 フィッシュマンズ『空中キャンプ』／96年……54
9位 サディスティック・ミカ・バンド『黒船』／74年……56
10位 コーネリアス『FANTASMA』／97年……58
11位 フリッパーズ・ギター『DOCTOR HEAD'S WORLD TOWER —ヘッド博士の世界塔—』／91年……60
12位 キャロル『燃えつきる キャロル・ラスト・ライヴ！ 1975 4.13』／75年……62
13位 山下達郎『SPACY』／77年……64
14位 荒井由実『ひこうき雲』／73年……66
15位 ジャックス『ジャックスの世界』／68年……68
16位 X『BLUE BLOOD』／89年……70
17位 佐野元春『SOMEDAY』／82年……72
18位 アナーキー『アナーキー』／80年……74
19位 プラスチックス『ウェルカム・プラスチックス』／80年……76
20位 村八分『ライブ』／73年……78

21位 ボアダムス『Chocolate Synthesizer』／94年……80
22位 憂歌団『生聞59分』／77年……81
23位 戸川純『玉姫様』／84年……82
24位 ザ・スターリン『STOP JAP』／82年……83
25位 ザ・ルースターズ『GOOD DREAMS』／84年……84
26位 ミュート・ビート『FLOWER』／87年……85
27位 INU『メシ喰うな!』／81年……86
28位 小坂忠『HORO』／75年……87
29位 フリクション『軋轢』／80年……88
30位 暗黒大陸じゃがたら『南蛮渡来』／82年……89
31位 BOW WOW『WARNING FROM STARDUST』／82年……90
32位 Char『Psyche』／88年……91
33位 外道『外道』／74年……92
34位 矢野顕子『JAPANESE GIRL』／76年……93
35位 スチャダラパー『5th Wheel 2 the Coach』／95年……94
36位 遠藤賢司『満足できるかな』／71年……95
37位 サザンオールスターズ『人気者で行こう』／84年……96
38位 DJ Krush『Strictly Turntablized』／94年……97
39位 少年ナイフ『Let's Knife』／92年……98
40位 四人囃子『一触即発』／74年……99
41位 カルメン・マキ&OZ『カルメン・マキ&OZ』／75年……100
42位 ラウドネス『DISILLUSION ～撃剣霊化～』／84年……101
43位 RCサクセション『カバーズ』／88年……102
44位 ZELDA『ZELDA』／82年……103
45位 シーナ&ロケッツ『真空パック』／79年……104
46位 ゴダイゴ『CMソング・グラフィティ・ゴダイゴ・スーパー・ヒッツ』／78年……105
47位 たま『ひるね』／91年……106
48位 メルツバウ『緊縛の為の音楽』／91年……107

49位 カヒミ・カリィ『MY FIRST KARIE』／95年……108
50位 不失者『1st』／89年……109
51位 エレファントカシマシ『THE ELEPHANT KASHIMASHI II』／88年……110
52位 ギターウルフ『狼惑星』／97年……111
53位 P-MODEL『IN A MODEL ROOM』／79年……112
54位 いとうせいこう『MESS／AGE』／89年……113
55位 あぶらだこ『あぶらだこ』／85年……114
56位 頭脳警察『頭脳警察1』／72年……115
57位 一風堂『Lunatic Menu』／82年……116
58位 テイトウワ『Future Listening!』／94年……117
59位 ランキン・タクシー『ワイルドで行くぞ』／91年……118
60位 ケン・イシイ『JELLY TONES』／95年……119
61位 クリエイション『ピュア・エレクトリック・ソウル』／77年……120
62位 暴力温泉芸者『NATION OF RHYTHM SLAVES』／96年……121
63位 近田春夫&ビブラストーン『Vibra Is Back』／89年……122
64位 ピチカート・ファイヴ『Happy End of the World』／97年……123
65位 ムーンライダーズ『青空百景』／82年……124
66位 S.O.B.『What's the Truth?』／90年……125
67位 ファンタスティック・プラスチック・マシーン『The Fantastic Plastic Machine』／97年……126
68位 高木完『Grass Roots』／92年……127
69位 小沢健二『LIFE』／94年……128
70位 ローザ・ルクセンブルグ『ぷりぷり』／86年……129
71位 フラワー・トラベリン・バンド『SATORI』／71年……130
72位 電気グルーヴ『A（エース）』／97年……131
73位 BOØWY『JUST A HERO』／86年……132
74位 キングギドラ『空からの力』／95年……133
75位 ブランキー・ジェット・シティ『BANG!』／92年……134
76位 サンディー&ザ・サンセッツ『IMMIGRANTS』／82年……135

77位 カジヒデキ『TEA』／98年……136
78位 東京スカパラダイスオーケストラ『TOKYO SKA PARADISE ORCHESTRA』／89年……137
79位 マキシマム ザ ホルモン『ぶっ生き返す』／07年……138
80位 ゆらゆら帝国『ミーのカー』／99年……139
81位 TOKYO No.1 SOUL SET『TRIPLE BARREL』／95年……140
82位 ストリート・スライダーズ『Slider Joint』／83年……141
83位 かせきさいだぁ≡『かせきさいだぁ≡』／95年……142
84位 サニーデイ・サービス『東京』／96年……143
85位 バッファロー・ドーター『CAPTAIN VAPOUR ATHLETES』／96年……144
86位 PUFFY『JET CD』／98年……145
87位 SUPERCAR『HIGHVISION』／02年……146
88位 ミッシェル・ガン・エレファント『High Time』／96年……147
89位 藤原ヒロシ『NOTHING MUCH BETTER TO DO』／94年……148
90位 ニューエスト・モデル『PRETTY RADIATION』／88年……149
91位 ハイ・スタンダード『Angry Fist』／97年……150
92位 氣志團『1／6 Lonely Night』／02年……151
93位 GREAT3『METAL LUNCHBOX』／96年……152
94位 ナンバーガール『シブヤROCKTRANSFORMED状態』／99年……153
95位 ミスター・チルドレン『Atomic Heart』／94年……154
96位 奥田民生『股旅』／98年……155
97位 スピッツ『スピッツ』／91年……156
98位 くるり『TEAM ROCK』／01年……157
99位 宇多田ヒカル『ファースト・ラヴ』／99年……158
100位 Perfume『GAME』／08年……159

第1位

はっぴいえんど

風街ろまん

1971年

①抱きしめたい
②空いろのくれよん
③風をあつめて
④暗闇坂むささび変化
⑤はいからはくち
⑥はいから・びゅーちふる
⑦夏なんです
⑧花いちもんめ
⑨あしたてんきになあれ
⑩颱風
⑪春らんまん
⑫愛餓を

日本語のロック、最初にして最大のブレイクスルー

およそ日本語でロック音楽を作る者で、本作にて実用化されたアイデアから無縁の者はひとりもいない。自動車で言えばT型フォード、日本のロックはここから始まった。

メンバーは、細野晴臣（ベース、ヴォーカル、ギター、キーボード）、大瀧詠一（ギター、ヴォーカル）、松本隆（ドラムス）、鈴木茂（ギター）の四人。このセカンド・アルバムで彼らの方法論は完成した。成功を決定づけたのは松本隆の書く詞だ。たとえば「風をあつめて」。細野晴臣の作曲とヴォーカルによる、はっぴいえんどの代表曲であり、日本のロックの代名詞とも言うべき一曲だ。ソフィア・コッポラ監督も東京を舞台にした映画『ロスト・イン・トランスレーション』(〇三年)の挿入歌として起用。だからこの曲には、まるで坂本九の「上を向いて歩こう」のように、日本語を解さない外国人のファンも多い。アコースティックなフォーク・ロック・サウンドと、なんの無理もなく混じり合っている日本語の言葉が、音韻的にも美しい、ということの証左がこれだ。

松本の詞の特徴は、まずなによりもその語尾の「です」にある。起きぬけの路面電車が「海を渡る」のが「見えたんです」——情景のスケッチがおこなわれていた「だけのはず」だったその行が、「です」にて締めくくられるとき、「ぼく」の私小説的世界へと一気に収斂《しゅうれん》させられていく。この瞬間のスリルこそがロックだ。しかも「なにもかも語尾で決まる」日本語の特性から導き出された、この言語に固有の「ロックの方法」だ。

音楽的には、バッファロー・スプリングフィールドら、カントリーの影響下にある米西海岸のフォーク・ロック勢から多くのアイデアを得ている。なかでもモビー・グレープ作の一分にも満たない小曲「Naked, If I Want to」は、英語であるにもかかわらず、はっぴいえんどのプロトタイプであるかのような一曲なので、ぜひご一聴をお勧めしたい。

第2位

ラプソディー

RCサクセション

1980年

①よォーこそ
②エネルギー Oh エネルギー
③ラプソディー
④ボスしけてるぜ
⑤エンジェル
⑥ブン・ブン・ブン
⑦雨あがりの夜空に
⑧上を向いて歩こう
⑨キモちE

上を向いて、坂の上のまだ見ぬ雲をつかまえに

これはコンサートの模様をとらえたライヴ（実況録音）盤だ。この熱気、威勢、そしてなにより、惜しまれつつ他界する〇九年のそのときまで、ここから長きにわたり日本のロック・シンガーの頂点に君臨し続けることになる忌野清志郎、彼の個性的な無二の「歌」、その全能力が解き放たれた瞬間がここに刻印されている。

ＲＣサクセションは不遇のバンドだった。フォーク・ソングのグループとして七〇年にデビューするも低迷、ロックへと音楽性を転換したのちにトップ・バンドにまで登りつめていくことになる。その反転攻勢のきっかけとなったのが本作だ。マッシヴなバンド・サウンドをリードするのは、これもフォーク・グループだった古井戸から加入したギタリスト、「チャボ」こと仲井戸麗市。腰だめにギターを構える彼と忌野とのからみは、ローリング・ストーンズにおけるキース・リチャーズとミック・ジャガーを思い起こさせた。忌野のヴォーカルは、オーティス・レディングら、アメリカ六〇年代サザン・ソウルの偉人たちのスタイルを「日本語の中で」再現する試みだった。本作発表後、自らを「ミュージシャン」ではなく、忌野の語法に倣って「バンドマン」と自称するバンド少年たちが大量発生した。彼がステージ上で言う「愛し合ってるかい？」が流行語になった。日本のロック・バンドのひとつの理想型がこの時代のＲＣだった、という人も多い。

彼らの代表曲「雨あがりの夜空に」なども収録されている本作の中で、ひとつの山場となっているのが、坂本九「上を向いて歩こう」のカヴァーだ。「日本の有名なロックンロール！」と忌野がＭＣしてから、速いテンポのエイト・ビートが鳴り始める、この瞬間の高揚感——彼らの黄金時代だけではなく、日本のロックにとっての最良の十年間がここから始まる、そんな予感すらも内包した、祝祭の夜に漂う濃密な香気がそこにはあった。

第3位

ザ・ブルーハーツ

ザ・ブルーハーツ

1987年

①未来は僕等の手の中
②終わらない歌
③NO NO NO
④パンク・ロック
⑤街
⑥少年の詩
⑦爆弾が落っこちる時
⑧世界のまん中
⑨裸の王様
⑩ダンス・ナンバー
⑪君のため
⑫リンダリンダ

黄金コンビが満天下に知らしめた黄金律

ヴォーカルの甲本ヒロト、ギターの真島昌利、ふたりの卓越したソングライティング巧者の力量が遺憾なく発揮されたことで、まさにロック・シーンに「爆弾が落っこちた」かのような衝撃が走った、彼らにとってのファースト・アルバムがこれだ。代表曲のひとつ「リンダリンダ」を聴くだけで、彼らの功績の巨大さはいつでも理解可能だろう。

甲本と真島の作詞作曲法の最大の特徴は「巧さを感じさせない」ところにある。わかりやすい、くっきりとした日本語とメロディとのマッチングは、童謡や学校唱歌すら連想させられる。ひとつの音符に、原則かならず「言葉の中の一音節だけ」を乗せていく、という方式がとられているからだ。これが朴訥《ぼくとつ》な語り口調として聞こえる秘密だ。だから聴き手は甲本ヒロトの歌に親密な感情を抱く。そんな「言葉とメロディ」の基本構造が、なんと、速いビートのパワフルなパンク・ロック・サウンドによって、前へ前へと推進されていくのだからたまらない……この圧倒的な快感、これは黄金律の発見だった。誰もが魅了され、真似をした。そこから「ビート・パンク」というジャンルが生じ、平成の青春歌謡の一典型を成すまでに至った。世に言うバンド・ブームも、その過程で起きたことだ。

甲本と真島のふたりが、英米のとくにパンク・ロックやガレージ・サウンド、パブ・ロックなどのマニアックなファンで、そこからの多大な影響につねに自覚的である点も重要だ。「マニアにしかわからない」Tシャツを着用するなどして、その基本姿勢はいまもってなお「わかる人にだけ」暗号として提示され続けている。ブルーハーツ解散後も、甲本・真島は二度三度と新たなるバンドを結成して活動を継続している。あたかもふたりが敬愛するアメリカのバンド、ラモーンズですら成し得なかった、「黄金律を背負った黄金コンビ」の最長不倒記録を、更新し続けようと決意しているかのように。

第4位

イエロー・マジック・オーケストラ

ソリッド・ステイト・サヴァイヴァー

1979年

①TECHNOPOLIS
②ABSOLUTE EGO DANCE
③RYDEEN
④CASTALIA
⑤BEHIND THE MASK
⑥DAY TRIPPER
⑦INSOMNIA
⑧SOLID STATE SURVIVOR

社会現象を巻き起こした、日出《いず》る国の「テクノポップ」

サウンドの中心にコンピュータ制御のシンセサイザーを据え、楽曲はインストゥルメンタルが多く、歌詞があってもそれは英語だったり、「TOKIO」とつぶやいているだけだったり。しかも「ヴォコーダー」という機材を通したロボットのような声で……という内容のアルバムが大ヒットした、という事実が、当時の日本社会の勢いを証明している。このセカンド・アルバムはオリコン一位、国内だけで一〇〇万枚突破。小学生までもが彼らの音楽に親しんだ。それは「テクノポップ」と呼ばれる新ジャンルの音楽だった。

音楽面から見ると、彼ら最大の武器は「ファンキー」だったことだ。エキゾチックなメロディや意匠の導入はスパイスでしかない。「踊れる」音楽だったこと。これによって軽々と国境すら突破することができた。ヒップホップ草創期の三大聖人のひとり、アフリカ・バンバータが彼らのファースト・アルバムに収録の「ファイアー・クラッカー」をDJプレイした話は有名だ。本作に収録の「ビハインド・ザ・マスク」を、歴史的名作『スリラー』を制作中だったマイケル・ジャクソンまでもがカヴァーしたがった。ドイツのバンド、クラフトワークのように電子楽器を多用する、というアイデアだけであれば、世界中に競争相手がいた。差をつけたのは、メンバーの細野晴臣（ベース）、坂本龍一（キーボード）、高橋幸宏（ドラムス）の音楽家としての力量の高さ。彼らがジャズ・フュージョンの骨法で組み立てた「ファンキー」なグルーヴが勝負を決めた。職人技と最新テクノロジーの融合だ。技術立国ニッポンのお家芸、その音楽版とも言うべき成果だった。それを海外のプロ中のプロが愛し、その情報がフィードバックしてきて、日本での人気が沸騰した。このころの日本社会には、こうした「製品」を生み出せるだけの、現状への圧倒的な自信、能力への自負があった。「未来的なるもの」への素朴な憧憬《しょうけい》がまだ許されていた。

第5位

ゴールドラッシュ

矢沢永吉

1978年

①ゴールドラッシュ
②昨日を忘れて
③鎖を引きちぎれ
④ラッキー・マン
⑤ボーイ
⑥さめた肌
⑦今日の雨
⑧時間よ止まれ
⑨ガラスの街
⑩長い旅

日本初の「ロックの」スーパースター誕生の瞬間

ロックは儲かる、ということを実証してみせたこと。「スーパースター」という概念を提唱し、かつ、これも自らがまず達成してみせたこと。それを可能にするだけの「オリジナルなスタイル」を創造し得たこと……その足跡のいたるところで、つねに「日本で初めての」という形容がつきまとう破格のロック歌手、矢沢永吉の一大ヒット作がこれだ。資生堂のCMソングに起用され、ミリオン・ヒットとなった「時間よ止まれ」も収録。同曲シングルと当アルバムの双方でオリコン一位を達成。前年の武道館での「初の日本人ソロ・ロック・アーティスト単独コンサート」の成功に続き、この年は後楽園スタジアム公演も開催。また糸井重里の聞き書きによる、これもベストセラーとなった自伝『成りあがり』が発売されたのもこの夏だった。七八年の日本は矢沢永吉に完全にノックアウトされていた。彼のぎらぎらした視線に同期できるだけの、ぎらぎらした日本だった。

矢沢永吉の特異性は、「ほとんど自分で歌詞を書かない」にもかかわらず、強固なセルフ・イメージを全作品に刻印し続けられることだ。作詞家をコントロールするだけではない。自ら作曲し、編曲をおこない、歌う、それらすべてを完璧にプロデュースできる巨大な能力が彼にはある。ヴォーカル・スタイルも独特だ。フランク・シナトラ調のクルーナー唱法、つまりロックンロール以前の時代のクールネスをも意識しつつ、それでいて日本の演歌的なねばっこさをも内包する歌世界は、ユニークきわまりない。それが大衆の潜在的欲求と見事に合致したのが、この四枚目のアルバムだった。彼が最初に世に出たバンド、キャロルの存在はここで完全に過去のものになった。そして本作以降、日本のロック・シンガーは「商業的成功を目指してもいい」ことを知った。そのためには「ひとりで一門を成す」ような独特なスタイルが必須だ、という考えかたも同時に広まっていった。

第6位

喜納昌吉&チャンプルーズ

喜納昌吉&チャンプルーズ

1977年

①ハイサイおじさん
②うわき節
③レッドおじさん
④番長小
⑤東崎
⑥すくちな者
⑦いちむし小ぬユンタク
⑧馬車小引んちゃー
⑨島小ソング
⑩東京讃美歌
⑪島小ソング（シングルバージョン）

※⑩、⑪はCD復刻時のボーナストラック

孤高のカリスマが「チャンプルー」した沖縄民謡ロック

英語圏のロックに対してジャマイカのルーツ・レゲエのカリスマ、ボブ・マーリーが七〇年代に果たした功績、それとほぼ同じ役割をほぼ同じ時代に、日本語のロックの世界で担うことができる可能性があった、たったひとりの人物――それが喜納昌吉だろう。彼の最初のアルバムであり、国民的大ヒット曲となった「ハイサイおじさん」を含む一枚がこれだ。この一曲で沖縄民謡を、その音階とリズムの闊達と躍動を知った人は多い。

本作に収録の「ハイサイおじさん」は、ロック・アレンジによるセルフ・カヴァー・ヴァージョンだ。オリジナルは前年の七六年に沖縄のローカル・レーベルから発売されたもので、さらに民謡色が強かった。これに敏感に反応したのが、細野晴臣、ギタリストの久保田麻琴ら、本土の先進的ロック・ミュージシャンだった。そして喜納昌吉の快進撃が始まった。彼がレプレゼントした「沖縄の音楽と感覚」は大きな波となり、ロックのみならず歌謡界へも広がっていった。アメリカのギタリスト、ライ・クーダーとの共演も果たした。そして汎アジアのスタンダード・ナンバーと化した「花～すべての人の心に花を～」をも喜納は生み出した。日本人の単一民族幻想を文化的な方法で打ち壊し、それらのアイランズがすべて、環太平洋文化圏に属するものであることをも、彼は実証していった。それは日本復帰前の沖縄で、幾多のアウトロー伝説の主となりながら、思考と感覚を研ぎすましていた若き日の喜納の情念が解放されていく過程だったのかもしれない。

彼の「ハイサイおじさん」は、今日、沖縄民謡のスタンダードとして浸透している。しかし観光地として、あるいは基地の島として分裂して語られる沖縄はあるが、音楽文化の震源地としてのそれは、このあと持続しなかった。ルーツ・レゲエの世界のように、巨星から学び、その跡を追う者が続出することは、日本のロックには起きなかった。

第7位

ロング・バケイション

大滝詠一

1981年

①君は天然色
②Velvet Motel
③カナリア諸島にて
④Pap-Pi-Doo-Bi-Doo-Ba物語
⑤我が心のピンボール
⑥雨のウェンズデイ
⑦スピーチ・バルーン
⑧恋するカレン
⑨FUN x 4
⑩さらばシベリア鉄道

本邦最強のポップ・マエストロ、畢生《ひっせい》にして究極の一枚

ここまではいけたんだ、というマイルストーン。「米英のポップ音楽に焦がれた」日本人が、本場でも失われゆく技術を徹底的に研究し、きわめて高度に再現してみせる、という、その壮大なるトライアルの最高到達地点を記録した里程標。それがこの一枚だ。

本作の端緒は、七九年に発売された同名の絵本だった。大滝が本文を書き、本作のカヴァー・アートと同様に永井博のイラストが掲載されていた。そこからアイデアが広がっていったことが、大滝詠一にとってのブレイクスルーを招き寄せたのだろう。たとえば本作のリード・トラック「君は天然色」は、イギリスのロック・バンド、ウィザードの全英一位曲「See My Baby Jive」（七三年）を下敷きにしている。この楽曲は、大滝の研究対象のひとつでもあるアメリカの名プロデューサー、フィル・スペクターの「ウォール・オブ・サウンド」と呼ばれる音作りの味わいを、ロックンロール・アレンジの中に再現することに成功していた。また当のスペクターもアメリカのパンク・ロック・バンド、ラモーンズのアルバム『End of The Century』（八〇年）をプロデュースしていた。そこにはスペクター作の往年のヒット曲「Baby, I Love You」のカヴァー・トラックまであった。これら同時代の動きに対抗意識を燃やした大滝が、自らの研究成果を「ヒット」という目的の一点に集中させるべく乾坤一擲《けんこんいってき》の勝負に出たのがこのアルバムではなかったか。そして本作は見事ミリオンセラーを記録、熱狂的なファンも獲得、さらにこのアルバムこそがつねに「研究対象」ともなる、日本音楽史上に残る名作となった。

はっぴいえんど時代の盟友、松本隆が一曲を除いて本作の歌詞すべてを書いた。ふたりのタッグは、このあとの八〇年代、ヒット歌謡曲をいくつも手掛けていく。しかし大滝詠一をもってしても、本作に匹敵する一枚をふたたび世に出すことは叶わなかった。

第8位

フィッシュマンズ
空中キャンプ

①ずっと前
②BABY BLUE
③SLOW DAYS
④SUNNY BLUE
⑤ナイトクルージング
⑥幸せ者
⑦すばらしくて NICE CHOICE
⑧新しい人

1996年

レゲエの土壌に咲いた「東京のポップ」のマスターピース

世界中で東京にしか生まれ得ない音楽をクリエイトすることに成功した、彼ら一世一代の充実作がこれだ。ジャマイカのポップ音楽であるレゲエのリズムと方法論の土台の上に自らの音楽スタイルを築こうと発想する者は、国際的に見れば少なくない。しかし「レゲエの強靭なるグルーヴ」を保持したまま、これほどにも高い空の上まで飛翔できた例はほとんどない。比較できる例は、イギリスのマッシヴ・アタックぐらいだろうか。

九一年に五人組でデビューしたフィッシュマンズはメンバーがどんどん減って、このときは佐藤伸治（ヴォーカル、ギター）、柏原譲（ベース）、茂木欣一（ドラムス）の三人となっていた。人数の減少と軌を一《いつ》にして音の数も言葉の数もどんどん減っていき、ほぼ骨組みだけとなったそれが、第四のメンバーとも目されるエンジニア、ZAKの妙技による「ダブ」ミックスの複雑玄妙な残響と反響のタペストリーの中で、まぎれもない「日本語の歌」として立ちのぼってくるのがこの五枚目のアルバムだ。暗闇の中をひとり往くときの誇り高さを歌った「ナイトクルージング」など、古《いにし》えの俳聖もかくや、というほどの「磨き抜かれた」パーツだけで奏でられる、若く自由なる精神の称揚がここにある。

経済のみならず日本的システムのあらゆるものが自壊を始めたのが九〇年代だった。しかしバンドの数は多かったのに、大半の者がそれには口をつぐんでいた。そんな世間の「風」には逆らいつつ、ノンシャランと自然体で立っていたのがフィッシュマンズだ。バンド・ブーム末期にデビュー、渋谷系の隆盛の脇で不遇、そんな位置づけだった彼らは、この一作で最強のミュージシャンズ・ミュージシャンの称号を手にした。そしてここから始まる日本の長き黄昏《たそがれ》の中で、本作は特定の魂を持つ者たちにとっての永遠のマスターピースとなる。まるでアメリカのヴェルヴェット・アンダーグラウンドの諸作のように。

第9位

サディスティック・ミカ・バンド
黒船

1974年

①墨絵の国へ
②何かが海をやってくる
③タイムマシンにおねがい
④黒船（嘉永六年六月二日）
⑤黒船（嘉永六年六月三日）
⑥黒船（嘉永六年六月四日）
⑦よろしく どうぞ
⑧どんたく
⑨四季頌歌
⑩塀までひとっとび
⑪颱風歌
⑫さようなら

国境を「ひとっとび」したスーパー・バンド

日本のロックとはいかなるものなのか、その雛形のひとつを海外のロック・ファンに広く提示し得たバンドの嚆矢《こうし》が彼らだ。代表作となるこのセカンド・アルバムは、ビートルズ、ピンク・フロイド、のちにはセックス・ピストルズも手掛けた名プロデューサー、クリス・トーマスを招いてイギリスでレコーディングがおこなわれた。これも当時としては異例のことだった。「タイムマシンにおねがい」は彼らの代名詞的一曲となった。

サディスティック・ミカ・バンドの最大の功績は、過度にオリエンタリズムを強調しなかったことだ。本作においても、和風の旋律やモチーフなどは、プログレッシヴ・ロック調の大きなコンセプトの一部以上の役割を与えられてはいない。最初に耳を奪われるのは、当時隆盛をきわめていたグラム・ロックの名演とも互角に鳴り渡る、国際標準のロックンロールとしての「品質の高さ」だった。その上で自在に暴れる、キンキーに尖った女性ヴォーカル――このスタイルがとくにイギリスで愛されて、翌七五年には人気バンド、ロキシー・ミュージックの前座として全英をツアーした。このときの彼らは一部の観客に鮮烈な印象を残した。日本のロックに詳しい英米の音楽ファン、業界人の中には「最初に好きになった日本のアーティストがミカ・バンドだった」という人が少なからずいる。

彼らは一種のスーパー・バンドだった。加藤和彦（ギター、ヴォーカル）とミカ（ヴォーカル）の夫妻を中心に、このときのメンバーは、のちにフュージョン・ギタリストとして一世を風靡する高中正義、のちにイエロー・マジック・オーケストラ（YMO）の一人となる高橋幸宏（ドラムス）、小原礼（ベース）、今井裕（キーボード、サックス）の六人だった。全三枚のアルバムを残してバンドは解散するが、八九年には桐島かれんを、〇六年には木村カエラをヴォーカリストに迎えて再結成がおこなわれた。

第10位

FANTASMA

コーネリアス

1997年

①Mic Check
②The Micro Disneycal World Tour
③New Music Machine
④Clash
⑤Count Five or Six
⑥Monkey
⑦Star Fruits Surf Rider
⑧Chapter 8 〜 Seashore and Horizon 〜
⑨Free Fall
⑩2010
⑪God Only Knows
⑫Thank You For The Music
⑬Fantasma
⑭Fantasma Spot
⑮Fantasma
⑯Chapter8 〜 Seashore and Horizon 〜
⑰Typewrite Lesson

世界が驚愕、ポップの「最新」をあっさり更新した一枚

スティングがベックがk.d.ラングが、グラミー賞級のスーパースターたちが彼の前で列を成し、「リミックス」してもらいたがった。彼のアイデア、アレンジ、サウンド・メイキングはそれほどまでに新しく、衝撃的だった。イギリスのバンド、ブラーのデーモン・アルバーンは、彼に憧れて「同じく猿の名を冠した不定形ユニット」ゴリラズを始め

た、という見方まである。震源地は全米のカレッジ・ラジオだった。日本発のポップ音楽が、史上初めて世界の最新潮流の先端に立ち、「クール」の代名詞となった。当時国際的にもまだ発展途上だった新技術、ハードディスク録音および編集を自在に駆使。バイノーラル録音も起用。きらめくばかりの「ポップの悦び」が充満した玉手箱のごとき、エポック・メイキングな一枚、それがコーネリアス三枚目のアルバムとなる本作だった。

フリッパーズ・ギターを解散したあと、ソロとして活動を始めた小山田圭吾が名乗ったアーティスト・ネームが「コーネリアス」だった。SF映画『猿の惑星』(六八年)に出て来るキャラクターにちなんだ名前だったのだが、この作品の「猿」とは旧日本兵の暗喩だった、という有名な説がある(原作者のピエール・ブールに第二次大戦中のインドシナでの捕虜体験があったため)。だから「猿」の名を名乗る小柄な日本人が、「自分たちの文化圏が生んだ」あらゆるポップ音楽を消化し、組み替えて、「見たこともない」最新モードとして提示してくる様を欧米人が目撃したときのショックは想像に余りある。彼らはそれに熱狂的と言っていい反応でこたえた。クエンティン・タランティーノ監督の『キル・ビル Vol.1』(〇三年)の音楽版・逆転ヴァージョンとも呼べそうな、戯画化され誇張された異文化のめくるめく面白味が本作の真骨頂だ。これが全盛期のウォークマンのように、日本製の最高級ジーンズのように、世界中のうるさがたをこそ「しびれさせた」。

第11位

フリッパーズ・ギター

DOCTOR HEAD'S WORLD TOWER―ヘッド博士の世界塔―

1991年

①DOLPHIN SONG
②GROOVE TUBE
③AQUAMARINE
④GOING ZERO
⑤（SPEND BUBBLE HOUR IN YOUR） SLEEP MACHINE
スリープ・マシーン
⑥WINNIE-THE-POOH MUGCUP COLLECTION
⑦THE QUIZMASTER
奈落のクイズマスター
⑧BLUE SHININ' QUICK STAR
星の彼方へ
⑨THE WORLD TOWER
世界塔よ永遠に

「終わりの始まり」を告げる一大スペクタクル巨編

のちにコーネリアスとなる小山田圭吾と、シンガー・ソングライター的な方向に舵を切って紅白歌合戦に出場するまでの成功を得る小沢健二が在籍したバンドが、フリッパーズ・ギターだ。デビュー当時の五人組からこのふたりの編成となって人気を得たものの、三枚目の本作を発表直後に解散した。この最後のアルバムには、当時としては日本新記録となるやもしれない数と密度で、英米のロック、ポップ音楽からのサンプリングも含めた引用や暗喩といったアイデアが塗り込められていたことも大きな話題となった。

たとえば、外形的にはビーチ・ボーイズの『Pet Sounds』、ゾンビーズの『Odessey and Oracle』といった歴史上の名作アルバムからの影響が大きい。バッファロー・スプリングフィールド「Broken Arrow」がそのまんまあるところに、はっぴいえんどからの系譜すら感じられる。このころイギリスを席巻していたマッドチェスター・サウンドへの共振から、ダンサブルなビートが多用されているところも特徴的だ。それらの多種多様な要素が相俟《あいま》って、コンセプチュアルに、むせかえるような甘酸っぱさで「青春期の終り」を描き出していくところ——ここにこそ、このふたりのタッグにのみ許されたロマンチシズムの発露があった。少女マンガのキャラクターもかくやと思えるほどに、あっけらかんと「ごく普通の日本の日常感覚」から数センチ上空に浮遊しながら、知的遊戯を繰り広げていたのが彼らだった。そして、あまりにも豊かだった八〇年代までの日本の常識が終わる、その極点に位置したのが、このきわめてナルシスティックで美的な異形《いぎょう》のロックだった、ということは福音だった。この絢爛《けんらん》たる葬送曲から九〇年代の日本のロックは幕を開けた。そこから渋谷系と呼ばれる星系が生じた。子供部屋に籠《こも》っていたセンチメンタリズムの怪物が、文化的な未踏の天地を開闢《かいびゃく》した瞬間の記録がこれだ。

第12位

1975年

キャロル

燃えつきる キャロル・ラスト・ライヴ!1975 4.13

①ファンキー・モンキー・ベイビー
②憎いあの娘
③グッド・オールド・ロックン・ロール
④メンフィス・テネシー
⑤涙のテディー・ボーイ
⑥やりきれない気持
⑦変わり得ぬ愛
⑧ビブロス・ピープル
⑨ユーブ・リアリー・ガッタ・ホールド・オン・ミー
⑩愛の叫び
⑪ヘイ・ママ・ロックン・ロール
⑫ヘイ・タクシー
⑬夏の終り
⑭(ゲスト紹介)
⑮ジョニー・B・グッド
⑯ズッコケ娘〜スローダウン
⑰ルイジアンナ
⑱エニタイム・ウーマン
⑲ファンキー・モンキー・ベイビー
⑳ラスト・チャンス

元祖にして不滅の日本のロックンロール・ヒーローズ

キャロルこそが日本ではビートルズだった。ビートルズと同様に自作の楽曲を4ピースで演奏し歌ったから、だけではない。最も重要なのは肉体性だ。英米では「ビートルズ以来」ロックンロール・バンドには必要不可欠な要素となっていた、若年層が熱狂する性的シンボルとして不足ないだけの肉体性をも、キャロルの四人は持ち合わせていた。つまりまさしく初期ビートルズとほとんど同じ構成要素にて、日本最初の成功例となった存在が彼らだった。この功績は計り知れない。キャロルがいなければ、日本のロックはどれほどつまらないものとなっていたか。この四人のヒーローこそが、日本のロックに生々しい命の息吹《いぶ》きをあたえた。そしてあまりにも短命に、流れ星のように夜空を横切っては消えていった。その彼らの解散コンサートの模様をライヴ録音したアルバムが本作だ。

矢沢永吉はポール・マッカートニーよろしく、ベースを弾きながら歌う。もう一枚の看板がギターとヴォーカルのジョニー大倉。彼の詞がキャロルを頂点へと導いた。カタカナ英語まじりの日本語ロックンロールの歌詞において、ジョニーは突出した天才だった。「ファンキー・モンキー・ベイビー」「ルイジアンナ」、一度聴いたら誰も忘れることはできない、ショッキングなまでのわかりやすさ。それは「ルイジアナ・ママ」「可愛いベイビー」などのアメリカン・ポップスの翻訳詞で一時代を築いた名作詞家、漣《さざなみ》健児の系譜を継ぐかのような才能だった。そしてリード・ギターに内海利勝、ドラムスにユウ岡崎。全員がリーゼントとブラック・レザーに身を包み、「この四つの肉の身」だけからロックを叩き出してみせたとき、そこに熱狂の渦が生じた。叫ぶ少女たちは彼らに抱かれることを夢見た。吠える少年たちは彼らのようになることを誓った。若者の胸の奥底の渇望を解き放ってくれる偶像がそこにいた。たった二年半だけ、日本にもそれがあった。

第13位

SPACY

山下達郎

1977年

①LOVE SPACE
②翼に乗せて
③素敵な午後は
④CANDY
⑤DANCER
⑥アンブレラ
⑦言えなかった言葉を
⑧朝の様な夕暮れ
⑨きぬずれ
⑩SOLID SLIDER

ヤマシタ・グルーヴの発火点、ロッカーの出発点

あらゆる意味で、「その後の山下達郎」の出発点となった重要な一作がこれだ。なぜならばここには「ＤＡＮＣＥＲ」が収録されているからだ。世界中のＤＪ、とくにＲ＆ＢやヒップホップのＤＪにとって、この曲はいまやほとんどスタンダードの地位を獲得している。九〇年代の後半、おそらくはニューヨークのＤＪがこれを発見した。歌詞はもちろん

わからない。しかし、この「声」のシルクのようななめらかさが愛された。ドラムスとベースの特異な質感のグルーヴも愛された。ゆえに無許可のサンプリングも頻発している。この「DANCER」がきっかけとなって、山下のさまざまなナンバーに外国人DJたちの食指はいまも動いている。そんな効果をものちに生み出した本作が、なんと、当時弱冠二十四歳の彼のセルフ・プロデュースによるものだった、ということ。これがセカンド・ソロ・アルバムだった、ということ。この事実には瞠目《どうもく》すべきだ。ちなみに前作はニューヨークおよびロサンゼルスで、経験豊富な現地プロデューサーのもとで制作された。つまり彼にはアルバム一枚の経験だけで十分だったということだ。「たったそれだけの経験」で、二十年後に「本場」のDJをも魅了してしまう音楽を、彼はクリエイトすることができた。本作には山下の得意技ともなっていく「ひとり多重録音」も初めて登場。吉田美奈子ほか、この世代を代表する東京のミュージシャンたちも集結している。

山下達郎が商業的成功を手にするのはもう少し先のことだ。八〇年代にはヒット・メーカーとなり、九〇年代にはさらなるポピュラリティを獲得した。しかし七〇年代の彼はロックンローラーだった。ポップ音楽の博覧強記の人である青年が、身ひとつでその大海に挑んでいく様は痛快だった。そして彼がここで獲得した領土の地平線こそ、「シティ・ポップ」と呼ばれるジャンルのメルクマールともなっていった。

第14位

ひこうき雲

荒井由実

1973年

①ひこうき雲
②曇り空
③恋のスーパーパラシューター
④空と海の輝きに向けて
⑤きっと言える
⑥ベルベット・イースター
⑦紙ヒコーキ
⑧雨の街を
⑨返事はいらない
⑩そのまま
⑪ひこうき雲

ただ一睡のガラス細工の胡蝶の夢

当時弱冠十九歳だった荒井由実（のちの松任谷由実）のデビュー作。全曲を彼女が作詞作曲。繊細きわまりない歌世界が、透明度の高い都会的な洗練を背景に展開されていく名盤として、「荒井」時代の彼女の作品の中でもとくに本作をのみ別格視する意見は多い。少女性の反映としての潔癖さ、ときにそれが残酷なまでに、手当たり次第に浮世の凡庸を切り刻んでいく、という「それまでの日本のシンガー・ソングライター」からは微塵《みじん》も感じられなかった鋭利なるエッジの存在、その鮮烈を嗅ぎつけた層は、これに震撼した。

サウンド面では、ピアノの響きを大事にしたシンプルなバンド・アレンジのモチーフはキャロル・キングの『Tapestry（邦題：つづれおり）』（七一年）だろう。編曲や演奏で荒井をバックアップしたのは、この時代八面六臂《ろっぴ》の活躍をしていた細野晴臣（ベース）、および鈴木茂（ギター）、林立夫（ドラムス）、そして松任谷正隆（キーボード）のユニット、キャラメル・ママ。本作制作の直後、彼らが自らの名称を「ティン・パン・アレー（＝ニューヨークの職業作詞・作曲家たちが集っていた界隈を指す俗称）」と改名した理由のひとつは、荒井の才能の桁をキャロル・キングのそれと同等のものと考えたからではないか。ティン・パン・アレーの北方約二十ブロックにあるブリル・ビルディングにて職業作曲家として働いていたのがキングだった。彼女は『Tapestry』の大ヒットでシンガー・ソングライターのトップに立つ。つまり彼ら日本の第一線のポップ音楽クリエイターたちは、そこまでの夢を荒井の中に見いだしたのではないか。その見立てはある時期までは正しかった。しかし拡大し続ける「ユーミン」ブランドの成功は、この原点から発した放物線からは離れていった。ゆえに本作は、ぎりぎりのバランスの上に成り立った、瞬間の美が刻印された一枚だったとも言える。そのスリルこそロックに特有のものだ。

第15位

ジャックス

ジャックスの世界

1968年

①マリアンヌ
②時計をとめて
③からっぽの世界
④われた鏡の中から
⑤裏切りの季節
⑥ラブ・ジェネレーション
⑦薔薇卍
⑧どこへ
⑨遠い海へ旅に出た私の恋人
⑩つめたい空から500マイル

日本のロックの前史に一輪だけ咲いた、永遠の異端

日本のロックにおけるT型フォードがはっぴいえんど、ならば、そもそも「自動車」なるものを、あるいはその概念を発想してしまった最初の存在がジャックスかもしれない。だがその「発想」は、後進の者が容易に追随したり模倣したりできるものではなかった。アシッド・フォークかローファイなジャズ・ロックか、しかしヴォーカルは首尾一貫

して演歌的とも言える濃密な情念を放ち続け、演劇性の高いパフォーマンスを一曲の中で繰り広げていく。そしてなにより、この圧倒的な「暗さ」……まさに異貌と呼ぶべきオリジナリティこそが彼らの音楽だった。GS（グループ・サウンズ）全盛期だった時代の日本にこのデビュー作は放たれた。だから当時まったく売れず、すぐに廃盤になった。そして後年、稀少な中古盤がとんでもないプレミア価格で取り引きされることになった。

本作発売時のメンバーは、早川義夫（ヴォーカル）、谷野ひとし（ベース）、水橋春夫（ギター）、木田高介（ドラムス）。七〇年代後半、日本のパンク／ニューウェイヴ・シーンにおいて、ジャックス再評価の気運が高まっていく。早川は日本のアンダーグラウンド文化シーンのカリスマとなる。海外でもジャックスの評価は高い。とくにアメリカの大学街などで圧倒的に支持される「ジャパノイズ（Japan＋Noiseという意味の造語）」ほか、オルタナティヴ系の日本ロックの始祖と目されるバンドのひとつがこのジャックスだ。少年期の早川は歌謡曲を好んでいたという。そして、右を向いても左を向いても歌謡曲とその変型しかほぼ存在し得なかったはずの時代の中で、突然にぽっかりと、この「発想」は誕生してしまった。よく言われることだが、六〇年代の日本は、日本におけるビートルズもローリング・ストーンズも、ボブ・ディランもレッド・ツェッペリンもドアーズも、ひとつも生み出すことはなかった。しかし、ただジャックスだけがそこにいた。

第16位

X

BLUE BLOOD

1989年

①PROLOGUE（〜WORLD ANTHEM）
②BLUE BLOOD
③WEEK END
④EASY FIGHT RAMBLING
⑤X
⑥ENDLESS RAIN
⑦紅
⑧XCLAMATION
⑨オルガスム
⑩CELEBRATION
⑪ROSE OF PAIN
⑫UNFINISHED

「X現象」の起点、元祖ヴィジュアル・ショック

規格外にして破天荒、日本的なスケールを逸脱した「ビッグ」バンド、Xのメジャー・デビュー・アルバムがこれだ。本作の大ヒットから、世に言う「X現象」が惹起《じゃっき》されていくことになる。メンバーはYOSHIKI（ドラムス、ピアノ）、TOSHI（ヴォーカル）、HIDE（ギター）、PATA（ギター）、TAIJI（ベース）の五人だった。

Xの音楽的基盤はヘヴィメタルだ。なかでも、速いビートとそれをダブル・タイム（＝8ビートならそれを16ビートとしてとらえ、手数を二倍にする奏法）で表現するサブジャンル、スラッシュ・メタルの影響が強い。これがYOSHIKIの「ハイスパート」ドラムを生んだ。このビートに情緒的なメロディ・ラインが乗るところにXの特徴がある。昂奮と大仰なる感傷の二乗だ。YOSHIKIのクラシック音楽の素養も大いなる武器だった。そこから生まれた畢生の一曲が本作収録の「ENDLESS RAIN」だった。

九〇年代の後半、「ヴィジュアル系（Visual－Kei）」が日本特産のロック・スタイルのひとつとして、世界中のポップ音楽ファンに認知されるに至った。その元祖と呼ぶべき巨星がXであり、だから当たり前のように世界市場へと進出していった。しかしこのとき、アメリカには同名の有名パンク・バンドがいた。そこで商標的バッティングを避けるための操作がおこなわれた。こうした場合「アメリカにおいてのみ」自らのバンド名の末尾に国名表記などをつけてしのぐ、という例が多い。九二年、そこで生まれた名称が「X JAPAN」なのだが――なんと彼らはこれを正式名称にしてしまう。バンド名そのものを「アメリカ仕様のもの」に変えてしまう。こんなことをやったバンドは、決して多くはない。初かもしれない。ここに彼らの無闇な器の大きさがあらわれている。「世界を見据えた」そのバンドは、つねにその背中に「JAPAN」を背負い続けていくことになる。

第17位

SOMEDAY

佐野元春

1982年

①Sugartime
②Happy Man
③DOWN TOWN BOY
④二人のバースディ
⑤麗しのドンナ・アンナ
⑥SOMEDAY
⑦I'm in blue
⑧真夜中に清めて
⑨Vanity Factory
⑩Rock & Roll Night
⑪サンチャイルドは僕の友達

「シティ」を吹き抜けた翻訳文体ロックンロール

サード・アルバムにして初のヒット作がこれだ。本作のレコーディングと並行して、大瀧詠一のプロジェクト「ナイアガラ・トライアングル」第二作の制作にも彼は参加。ここからのフィードバック、およびライヴ活動で培ってきた人気の下地に一気に火がついたのがこのアルバムだった。「シティ・ポップ」に求められる要素をすべて兼ね備えた上で、まぎれもなくロックンロールしていくその疾走感が、時代の深層心理と合致した。音楽的には、ブルース・スプリングスティーンの影響が大きい。たとえば本作のタイトル・チューンは、スプリングスティーンの「Hungry Heart」が下敷きとなっている。

佐野元春の言葉は独特だ。彼の語彙は文学的と言うよりも文語調、彼の詞は外国文学的と言うよりも翻訳文体調だった。それらの言葉を用いて描き出される世界観とストーリー、そこで息づく人物像、これらのすべてが新鮮だった。たとえばそれは、ビート文学への傾倒をことあるごとに語りたがるような、このころの「都会の一部」には確実にいたはずの青年像の内面を思い起こさせるものだったろうか。そんな類型は佐野元春以前には、日本の音楽シーンにはいなかった。「ベイブン」と五〇年代のアメリカン・ロックンロールにほぼ同じ比重で入れ込んでいるかのような、そんな青年がストリートからギターを抱えて登場してきたという出来事に快哉《かいさい》の声を上げた者は少なくなかった。八〇年代型のロックスターはこうして誕生した。そしてあっという間にシーンから離れていった。

本作の成功直後、沸き立つ日本をあとにして、佐野元春はニューヨークに移住してしまう。そして興隆していくヒップホップやクラブ・シーンを観察しながら、八四年まで同地に滞在する。そのあいだ日本では拡大再生産された彼のエピゴーネンだけが増え続けた。しかし本家は先へ先へと進み続けた。

第18位

アナーキー

アナーキー

1980年

①ノット・サティスファイド
②あぶらむし
③ジョニー・B・グッド
④3・3・3
⑤缶詰
⑥シティー・サーファー
⑦もうアウト
⑧ロック・スター
⑨団地のオバサン
⑩季節の外で
⑪ホワイト・ライオット
⑫教室の中で
⑬アナーキー

※初回盤は4曲目に「東京・イズ・バーニング」を収録の全14曲

「なーにが日本の」と吠えた唯一のパンク・ロック

肝心のところはブザー音で消されている。しかし「なーにが日本の」のあとで（その音の背後で確実に）「象徴だぁー」と、歌われている。そこに続くのは「なんにもしねえでふざけんな」という、吐き捨てるようなひとこと……このあからさまな天皇制批判。しかもまるで酔っぱらいか、たちの悪い不良のような口調でおこなう「言いがかり」。これらの言葉は「東京・イズ・バーニング」というナンバーのサビの部分にあたる歌詞だ。同曲はアナーキーのデビュー作である本作の初回盤に収録された。イギリスのパンク・バンド、クラッシュの「London Is Burning」のカヴァー、というか替え歌がこれだ。もちろん演奏はクラッシュのほうがいいのだが、じつは、歌詞はこっちのほうがずっと上だ。なぜならば、歌詞の二番において、前記の一行に達するその直前に「日本語のロック」として空前絶後の必殺フレーズがそこにはあったからだ。それはこれだ。「ただその家に生まれただけで！」——およそ考えられるかぎりの「日本的なるものの価値観」、そのほとんどすべてに自爆攻撃よろしく真っ正面からぶつかっていくこのフレーズをもって、彼らアナーキーは、本邦最強かつ最凶のパンク・ロック・バンドとして、永遠の命を得た。

残念ながら、所属レコード会社への抗議などが相次ぎ、同曲は本作の初回以降のヴァージョンからはカットされている。しかしそれ以外にも聴きどころは満載だ。オープニング曲の「ノット・サティスファイド」も印象深い。嫌みの切れ味がすこぶるいいのが彼らの特徴で、「シティー・サーファー」も忘れがたい。メンバーは仲野茂（ヴォーカル）、逸見泰成（ギター）、藤沼伸一（ギター）、寺岡信芳（ベース）、小林高夫（ドラムス）の五人。当時の国鉄の作業服を全員が着用したスタイルも新鮮だった。このあと技術が向上し、音楽性もどんどん豊かになっていく。しかしこの原点はいつも彼らの中にあった。

第19位

プラスチックス

ウェルカム・プラスチックス

1980年

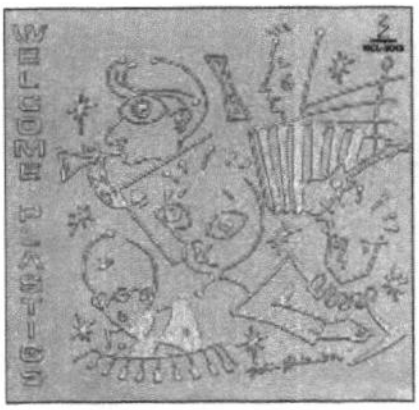

①TOP SECRET MAN
②DIGITAL WATCH
③COPY
④I AM PLASTIC
⑤I WANNA BE PLASTIC
⑥CAN I HELP ME ?
⑦TOO MUCH INFORMATION
⑧WELCOME PLASTICS
⑨I LOVE YOU OH NO !
⑩ROBOT
⑪DELICIOUS
⑫LAST TRAIN TO CLARKSVILLE
⑬DELUXE
⑭COMPLEX

先端文化都市トーキョーの息吹きから生まれた世界基準

日本よりも先にイギリスの先鋭インディー・レーベル、ラフ・トレードからシングル・デビューした（七九年）。海外でのライヴ・ツアーも成功。当時の米英の最先端だったニューウェイヴ・バンド、トーキング・ヘッズやB－52's、ラモーンズらとも交流した。そうした海外での活動が、YMOと同様、日本へと逆流してきて人気を得たのがプラスチックスだ。本作は彼らのデビュー・アルバムにして「テクノポップ」時代を代表する名盤の一枚と言われる。そしてテクノポップが、あるいはニューウェイヴという発想がなければ、生まれ得なかったバンドが彼らだったかもしれない。

メンバーは、中西俊夫（ギター、ヴォーカル）、佐藤チカ（ヴォーカル）、立花ハジメ（ギター）、佐久間正英（キーボード、ベース、ギター）、島武実（リズムボックス、キーボード）の五人。このうちキャリアのあるミュージシャンは、元・四人囃子の佐久間だけだった。ドラマーもいない。島がリズムボックスを操作した。そもそもリズムボックス自体、楽器練習時に必要とされるビートを鳴らすための機材であって、ライヴやレコーディングの際に「ドラマーの代わり」に使うものではなかった。しかしこの「ニューウェイヴの時代」には、リズムボックスのチープで軽い音が生ドラムを凌駕して、新しさの証明となった。そのビートの上で強烈な日本語訛りの英語が跳ね回る「TOP SECRET MAN」に、世界の文化的先端層が熱狂した。中西はイラストレーター、佐藤はスタイリスト、立花はグラフィック・デザイナーとして活動していた。彼らの背景には原宿に代表される東京のファッション文化、その創造性のマグマがあった。デヴィッド・ボウイほか、七〇年代の原宿文化に魅了され、それを自らの表現に取り込んでいった海外アーティストは多い。まさにそのポイントに発生した波に乗って、彼らは外へと打って出ていった。

第20位

ライブ

村八分

1973年

①あ！
②夢うつつ
③どうしようかな
④あくびして
⑤鼻からちょうちん
⑥水たまり
⑦のうみそ半分
⑧馬の骨
⑨ねたのよい
⑩ぐにゃぐにゃ
⑪のびてぶぎー
⑫ん！
⑬どこへ行く
⑭にげろ
⑮どうしようかな
⑯序曲

凶暴でハッピーな異能のブルース・ロック

日本が誇る伝説のハード・ブルース・ロックンロール・バンド、村八分が、活動期間中に発表した唯一のアルバムが本作だ。しかしこれはライヴ盤だ。同年五月に京都大学西部講堂にておこなわれた、「凄絶」と言っていいコンサートの模様が収録されている。

まず特筆すべきは山口冨士夫のギターだ。リズムをリードして、グルーヴを叩き出し、ささくれ立ったトーンで空気を染め上げる。外へ外へとラウドに広がりつつ、ざらりとした触感で聴く者を抱きとめる、その官能的なプレイは独特だ。そこにチャー坊こと柴田和志の自由奔放なヴォーカルがからむ。思いつきをその場でそのまま口にしているかのような、ときに言葉にもならず、叫んでいるだけのような彼の歌は、国際的なロックの文法からは外れに外れている。たとえば明治・大正期の演歌師の真似を小学生がやったとしたら、こんな感じだろうか。ローリング・ストーンズ・マナーにて基本線が組み立てられているのが村八分の音楽なのだが、山口と柴田の突出した個性が、同じマナーに立つ凡百のバンドに差をつけた。その白眉が「どうしようかな」だ。チャック・ベリーのロックンロール・クラシック「ジョニー・B・グッド」を下敷きにした、激しくシャウトする一曲なのだが、なんとサビの歌詞が「う、う、う、どうしようかな」なのだ。そんなものが世にふたつあるはずもない。逸話に満ちた山口と柴田の人生そのものも伝説に花を添えた。

彼らの特異なバンド名、「村八分」とは典型的な放送自粛用語だ。また同時にこれは、たとえば英語には正確に翻訳することが困難な一語でもある。日本社会に固有のダークサイド、禍々《まがまが》しさが凝縮された概念がこれだからだ。つまり彼らは最初にこう言っていたということだ。「どうせ俺らなんか村八分者なんだろう?」と。そして次に来るべきひとことをこそ鳴らし続けた。「で、だからどうした?」——これこそが彼らのロックだった。

第21位

ボアダムス

Chocolate Synthesizer

1994年

ライヴハウス放逐の危険分子が「オルタナティヴ」の首魁《しゅかい》へと飛翔

ボアダムスの成功を象徴する一枚がこれだ。緻密に構成された音と音の意外な関係性がときにショックを、ときにユーモアを喚起する。典型的なポップ音楽の文法からは遠く離れながらも、いや離れれば離れるほど「自由なる地平」で音と戯れることができる、その快活なる実践例として彼らの冒険は愛された。

本作はアメリカのメジャー・レーベルであるリプライズから発売された。そして同年、ボアダムスは全米最大のオルタナティヴ・ロックの祭典「ロラパルーザ・ツアー」のステージに立った。これは事件だった。なぜなら八〇年代の日本にて、破壊的、ではなく破壊そのものの危険行為を繰り広げた伝説的ノイズ・バンド、ハナタラシの中心人物だった山塚アイがその発展型として構想したのがボアダムスだったからだ。あまりの過激性ゆえ、あらゆるライヴハウスから出入り禁止を宣告されていた日本アンダーグラウンド界の猛者《もさ》が、こんなところにまでたどり着いてしまうほど、「オルタナティヴ」は当時の世界を席巻していた。その頂点にいたバンド、アメリカのニルヴァーナ、ソニック・ユースや、前衛音楽家のジョン・ゾーンもボアダムスと共演したがった。山塚はアヴァン・ポップ音楽の世界的なアイコンとなった。

第22位

憂歌団

生聞59分

1977年

明日も素晴らしい幸せが来るだろう ブルースマンはそう歌った

熱く沸騰していた七〇年代の関西ブルース・シーンから颯爽と登場してきたのが憂歌団だった。彼らの最大の特徴は、その色気にある。本場のブルース音楽を、その奏法からサウンド、もちろんその魂の部分まで踏み込んで学習し、体得するために切磋琢磨する――という求道者的側面と同時に、きわめて「親しみやすい」日本語の歌を作り出す能力が彼らにはあった。その傑作のひとつがデビュー曲の「おそうじオバチャン」（七五年）で、あえなく放送禁止とはなってしまったものの、その時点ですでに、小学生までもが歌詞を憶えて真似をしていた。

そんな彼らのステージの熱気がそのまま記録されている名盤が本作だ。弦も切れよとギターをかき鳴らし絶叫する木村充輝の演奏が、パンク・ロックかと見まがうばかりの迫力の「おそうじオバチャン」を始め、この時点での憂歌団を代表する人気曲が網羅されている。「パチンコ」「嫌んなった」といった、彼らの代名詞的ブルース・ナンバーと並んで、加山雄三の大ヒット曲「君といつまでも」の絶妙なカヴァーも収録されている。市井《しせい》に生きる者の脈動を、外来の文化であった「ブルース」の形式をとおして、日本の新たなる日常の音楽へと変換してみせることに、憂歌団は最初から成功していた。

第23位

戸川純

玉姫様

1984年

トンボの羽根を背負って痙攣した不世出のニューウェイヴ・スター

その後の日本の女性ポップ音楽歌手のひとつの典型例を、たったひとりで作り上げてしまったアイコンが戸川純だった。八〇年代初頭、女優として、あるいは「個性的な」タレントとしてすでに人気を得ていた彼女が、最初に自らの名を冠したリーダー・アルバムが本作だ。

人々は彼女の中に「コケティッシュ」な魅力を見たのだろう。本作では「虫」のモチーフも多いのだが、これを思春期特有の「虫めづる姫君」であると見て、いずれ殿方の性愛の対象となるに違いない、珍奇なれどもアトラクティヴな女性像だとする理解が、巷間《こうかん》に広く伝播していった。「不思議」だが無害な像として。

しかし戸川純自身は、本作で「あたしは虫の女」（蛹化《ようか》の女）と、はっきりと言い切っているのだ。虫をめでているわけではない、「自分が虫なのだ」と。まるで力みすぎたビョークのような、全ラインが不協和音であるかのような（そうではないのだが）、独特な歌唱法で彼女が主張していたのは、「個」であることの軋《きし》みそのものだった。人気が沸騰している只中にありながらも、彼女は単なるアイドルとは一線を画すために痙攣しながら戦っていた。女でも男でもない、ただひとりのロッカーである、という、この文化的矜持《きょうじ》のためだけに。

第24位

ザ・スターリン

STOP JAP

1982年

◎日本社会に広くパンクを知らしめた実直にして充実のハードコア

ヴォーカルの遠藤ミチロウ率いる、ザ・スターリンのメジャー・デビュー作がこれだ。この一枚のヒットにより、「パンク・ロックとはいかなるものなのか」そのイメージの原像を、彼らは広く日本社会に知らしめた。本作収録の人気曲「ロマンチスト」の一行、「吐き気がするほどロマンチストだぜ」は流行語となった。

本作の成功の遠因は、週刊誌による報道だった。ライヴにて汚物投擲《とうてき》、全裸パフォーマンスなどをおこなう遠藤のステージングが「過激」だとして、このころ女性週刊誌までもが話題にしていた。こんな事件もあった。FM番組にゲスト出演したデヴィッド・ボウイが、坂本龍一の口からザ・スターリンの名前を聞いた途端に火がついたように爆笑、ラジオの前にいた日本全国のパンクスが「ボウイ、殺す」と激怒した、という……名前だけで、あのボウイにすら平静を失わせるほどのスキャンダラスな存在が彼らだった。しかし悪名高いソ連の独裁者ヨシフ・スターリンの名を高らかに掲げたこのバンドは、同時にきわめて実直でもあった。それは本作の音を聴けばすぐにわかる。みっちりと作り込まれたハードコア・サウンドは、この直後に日本人が大好きになっていく「和製パンク・ロック」の露払いとして極上のものだった。

第25位

GOOD DREAMS

ザ・ルースターズ

1984年

時代の深奥へと不可逆に突き進んだ「こわれもの」ロックの妖しき明滅

八〇年代を駆け抜けた日本のロック・バンドの優秀なるひとつの典型として、多くの信奉者を抱えていたルースターズの五枚目のアルバムが本作だ。彼らは音楽性を変化させ続けてきた。博多や北九州を拠点とする、強靭なビートを特徴としたバンドの一群が、メディアから「めんたいロック」と呼ばれ、注目を集めたことがある。ルースターズはその先頭集団の一員だったのだが、彼らの音楽性は、そこからどんどん変化して、たとえばエコー&ザ・バニーメンにも近いものになってくる。八〇年代のイギリスのニューウェイヴ勢のような、シンセサイザーを駆使した静的な音楽性へと近接していく。これを変節と指弾する者はいなかった。この「ゆらぎ」をこそファンは愛した。その象徴ともなったのがヴォーカルの大江慎也だった。

本作の白眉は「何の理由もなく爆撃されるリゾートのビーチ」の破壊の有様のみを描いたロックンロール「C.M.C.」、あるいはピッグバッグもかくや、というニューウェイヴ・ファンク「ニュールンベルグでささやいて」か。精神に変調を来たした大江は、本作の翌年にバンドを脱退する。イギリスの悲運のバンド、ジョイ・ディヴィジョンのヴォーカル、イアン・カーティスの姿を彼に重ねて見る者もいた。

第26位

ミュート・ビート
FLOWER

1987年

接触冷感の奥で脈動する日本産レゲエの黎明、永遠なる前衛

レゲエ音楽への「新しい視点」を提示し得たと、日本のみならず国際的にも評された、彼らの実質的なファースト・アルバムが本作だ。この前年には、彼らがかつてリリースしていたカセット・テープ作品がニューヨークのインディー・レーベルからリリースされ、現地の先鋭的リスナーから好反応を得ていた。だから満を持してのアルバムが本作だった。そしてここから、波紋はさらに拡大していった。

ミュート・ビートの最大特徴は、インストゥルメンタルだということだ。小玉和文（現・こだま和文）のトランペットが主楽器となった、クールさが光る演奏。そこに絶妙に「ダブ」ミックスがおこなわれる。これはミキシング・エンジニアが自在にエコーやリヴァーブなどを駆使して、リアルタイムで音を変型させるレゲエ音楽のテクニックなのだが、なんと彼らはその担当者をもメンバーの一員に迎え入れていた（宮崎泉ことダブ・マスターX）。当時これは国際的に見ても稀なことだった。あらゆる種類のレゲエ音楽が、日本ではまだ花開く前でもあったこの時代に、突如として世界最先端のアイデアを彼らは提示し得た、ということの記録が本作だ。フィッシュマンズほか、後進に与えた影響は、まさに「絶大」の一語に尽きる。

第27位

INU

メシ喰うな!

1981年

溢れ出す呪詛《じゅそ》と叫びと官能
町田町蔵、十九歳のパンク地図

のちに芥川賞作家の町田康として世間に広く知られることになる彼が、ロック歌手・町田町蔵として率いていたバンドがこのINU（イヌ）だ。本作が彼らのデビュー作で、町田にとってもこれがデビューだったのだが、発売後すぐにバンドは解散。この後も町田は旺盛な音楽活動を続けるのだが、INUの名がふたたび世にあらわれることはなかった。

八〇年代、町田は文化的なスターとして遇された。そのきっかけとなったのが本作だった。当時は「パンク・ロック」と評されることが多かったのだが、それは正確ではなく、音楽的にはこの時代のイギリスのニューウェイヴ・サウンド、たとえばセックス・ピストルズ解散後にジョン・ライドンが結成したパブリック・イメージ・リミテッドなどが下敷きとなっている。絢爛たる悪夢のごときその音世界の中で、呪詛よろしく連綿と吐き出される言葉群こそまさに町田の面目躍如。彼は和製の「パンク的なるもの」の奇態なる象徴となった。その後、町田は俳優業も開始、本作のジャケット写真のような表情、および奇声や無言を駆使して、『爆裂都市BURST CITY』『ロビンソンの庭』といったカルト映画で鮮烈な印象を残した。それらすべての起点となったものがここにある。

第28位

HORO

小坂忠

1975年

風街から流星都市へ ロック巡礼者のマスターピース

シンガー・ソングライター、小坂忠の第二作がこれだ。細野晴臣のティン・パン・アレーがバッキングを務め、かっきりとした日本語でのびやかに歌われた楽曲の数々は、「シティ・ポップの理想型」として、あるいは「和製ソウルの逸品」として、マスターピースの地位を揺るぎないものとしている。「しらけちまうぜ」が前者の代表例ならば、後者のそれは「機関車」だろうか。そして両者の美質を兼ね備えたのがタイトル曲の「ほうろう」だった。

六〇年代末に細野が在籍したバンド、エイプリル・フールで歌っていたのが小坂だった。その小坂を、細野は当初、はっぴいえんどのヴォーカルとして想定していたとの説もある。つまり本作は、はっぴいえんどの従兄弟か異父弟か。生まれたばかりの「日本語のロック」がすくすくと伸びていた、その成長期の痕跡をここに見ることができる。それは具体的には、ジェームス・テイラーら米西海岸サウンドと、ビル・ウィザースらニュー・ソウルとの接合点を「日本語の歌」の中に求めることでもあった。

本作は繰り返し再評価の波を寄せる名盤でもある。九〇年代に一度、その波はあった。そして二〇一〇年には小坂がヴォーカルを録り直してリニューアルしたヴァージョンも発表された。

第29位

フリクション

軋轢

1980年

東京ロッカーズの時代を象徴する最硬度ギターの衝動と緊迫

　坂本龍一の共同プロデュースによる彼らのファースト・アルバムである本作は、その後の日本の先鋭的ロック・バンドの指標のひとつとなった。最大の理由はサウンドだ。スタジオ録音作としては本作においてのみ、ギタリストの恒松正敏の演奏を聴くことができる。彼のギターのプレイは衝撃的だった。このトーンの硬度、このカッティングの鋭角性。ギターを弾くとは、張りつめた鋼線を高速で引っぱたき、かきむしる、サディスティックな行為だということを、聴く者すべてが体感した。それはパンク・ロック通過後のリスナーが求めてやまなかった、「衝動」そのものを転写したかのような音楽だった。彼らはそれをクリエイトした。

　リーダーであるベースのレックは、フリクション結成前、ニューヨークにいた。そのころの同地を席巻していた「ニューウェイヴのその次」を模索するムーヴメント、「ノーウェイヴ（No Wave）」の重要バンドのいくつかに参加したのちに帰国。彼がその体験をもとに仲間たちと始めた音楽活動は「東京ロッカーズ」と呼ばれた。ニューヨークやロンドンといったポップ音楽最先端都市と東京が、ほぼ同時進行に近い「モード」の波の中にあってもいい、という、そんな時代の幕開けをも本作は告げた。

第30位

暗黒大陸じゃがたら
南蛮渡来

1982年

カリスマ・江戸アケミが率いた「踊る意識革命」衝撃のデビュー

沸騰していた日本の八〇年前後のアンダーグラウンド・ロック・シーンにおいてすら、極北か極南か、いずれかの最果てにまで行き着いてしまったバンドとして畏怖されていた存在が「じゃがたら」だった。ヴォーカリスト、ソングライターとしてバンドの中心人物だった江戸アケミの強烈な個性と、流血や排泄行為も含むパフォーマンスから、まず最初に「過激」で「変態的」なバンドとして彼らはメディアに注目された。このデビュー・アルバムはそんな視線を音楽的評価へと一転させた一枚。アグレッシヴなニューウェイヴ・ファンク・サウンドに聴き手は刮目《かつもく》した。リズムを軸に据えたその音像は、アメリカのジェームス・チャンス&ザ・コントーションズ、トーキング・ヘッズらに通じた。ナイジェリアのフェラ・クティが提唱した「アフロ・ビート」の影響も大きかった。

江戸が精神に変調をきたしたことによる活動中断など、彼らの歩みにはつねに紆余曲折が付きまとった。そして彼の急逝によってバンドは九〇年に解散する。しかし、じゃがたらの音楽を通じて、享楽による精神の解放を知った層は、いまもなお、その後遺症を自覚しているはずだ。「日の出を見るまで」踊り明かすことを、そそのかされ続けているはずだ。

第31位

BOW WOW

WARNING FROM STARDUST

1982年

「カイゼン」と勤勉で海外雄飛した日本製ハード・ロックの夜明け

日本発の、そして「初」の、世界一級品のハード・ロック・バンドとして彼らが名乗りを上げたのがこのアルバムだ。第九作である本作はロンドンにて録音。その直前には、スイスのモントルーおよびイギリスのレディング・フェスティヴァルにてライヴ・パフォーマンスをおこなった。そして心技体ともに充実しきって挑んだ本作の完成後、彼らはフィンランド出身の人気バンド、ハノイ・ロックスとともに全英ツアーを敢行。折しもヘヴィメタル再興ムードが高まっていた現地の耳の肥えたファンに挑んでいった。デビュー当時から一貫して、エアロスミスやキッスなど洋楽の大物バンドの日本ツアーでオープニング・アクトを務めていた彼らが、ひとつの答えを得たのがこの時期だった。

彼らの進出後、日本製のハード・ロック、ヘヴィメタルは、その品質を国際的にも高く評価されて「当たり前」のものとなった。なぜならば日本のこのジャンルのロッカーには、まるでクラシック音楽の奏者のように、楽器演奏の練習を真面目にする者が多かったからだ。なかでもギター・キッズにとっての仰ぎ見るべき巨星がＢＯＷ ＷＯＷを率いる山本恭司だった。デビューからいくつのディケイドを重ねようが、その一なる真理にはなにも変化はない。

第32位

Char
Psyche

1988年

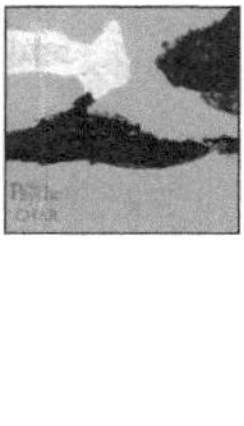

ギター・ヒーローが刷新を期した プライベート空間からの名演集

日本のロック音楽の歴史の中で「ギター・ヒーロー」と言えば、まず最初に名前が上がるべき人物が、チャー（Ｃｈａｒ）こと竹中尚人だ。彼のギター・プレイには「華」がある。それは洋楽ロックの「ギター御三家」、エリック・クラプトン、ジミー・ペイジ、ジェフ・ベックらとまるで同じ意味での「華」だ。彼はまず七〇年代中盤、「気絶するほど悩ましい」ほかの歌謡ロックで人気スターとなる。そしてピンク・クラウドの一員として活躍した八〇年代を経て、電話通販専門のプライベート・レーベル「江戸屋」を自ら設立。そこから発表したのが本作だった。三年ぶりのアルバムであり、ソロ作としては六年ぶりともなる一枚だった。

作品内容も「プライベート」な質感に溢れていた。全パートをひとりで演奏し多重録音、まるで彼のスタジオに招かれているかのように聴く者は感じた。当時の日本では、チャーのこの一連の行動は前例なしの異例ずくめだった。彼はこうして心機一転を図った。チャーの「華」の内実とは、煎じ詰めると、弾くことが楽しくてたまらない、というロック・キッズのときめくハートと、曲芸めいた飛躍をも可能とする才気の同時発散だった。ここではそれが「親密さ」という地点から鳴らされている。

第33位

外道

外道

1974年

ワイルドかつ高出力、そして無頼「族」が惚れた圧倒的個性

逸話には事欠かない。外道のライヴには暴走族が集結した。だから機動隊も出動した。バンド名の由来は、ヴォーカル&ギターであり、圧倒的なリーダーでもある加納秀人が警官から罵倒されたときの言葉、「この外道が!」からとられた……しかし彼らが伝説化したのは、なによりもまず、その音楽的力量の高さによる。デビュー・アルバムである本作冒頭の「香り」はこんな繰り返しから始まる。「げっげげっげ、げげげげげげげげ、げっげげっげ、げどー（=外道)」。そしてオートバイの爆音と聞きまごう分厚いギター・リフが、圧倒的な推進力のもと、問答無用で射出されていく——あたかもそれは、速度超過のエアロスミスか、パンク化したステッペン・ウルフか。この個性的かつ高馬力なハード・ドライヴィン・ロックンロールに、まず最初に過敏に反応したのが生粋《きっすい》のバイカーだった、というのは自然な出来事だった。

本作のプロデューサーは、二年前にキャロルをデビューさせたミッキー・カーチスだった。録音機を抱えてライヴ会場まで行った彼が、一発でこの内容を収録。そのときききっと、現場で彼は、キャロルの支持層にあった「原宿とクールス」の不良文化とは大いに違う、たとえば深夜の町田街道の狂熱をも幻視したはずだ。

第34位

矢野顕子 JAPANESE GIRL

1976年

「怪物」アッコちゃん リトル・フィートを従えてデビュー

ロック、ポップの枠に留まらず、ジャズや民謡、童謡に至るまでの広い音楽世界を自在に駆け巡る、日本を代表するシンガー・ソングライター、「アッコちゃん」こと矢野顕子のデビュー作がこれだ。彼女はまず、セッション・ミュージシャンとして頭角をあらわした。高校を中退後、キャラメル・ママらとともに、第一線級のキーボーディストとしてさまざまなレコーディングに参加。そして満を持して発表したのが本作だった。アナログ盤のA面にあたる一曲目から五曲目はアメリカで録音され、残りは日本で録音された。前者では、リトル・フィートがバッキングを務めた。ニューオリンズ・ファンクなどアメリカン・ルーツ音楽をモダン・ロックの中に蘇生させた「名うての」バンドだった彼らの演奏に一歩も引かず（あるいは、ときにそれをも凌駕して）、奔放に遊ぶ矢野の歌とピアノは圧巻だ。弱冠二十一歳にして、このユニークで自由闊達なる歌世界を、彼女は作り上げることに成功していた。

矢野の武器はその遊戯性の高さとユーモアだ。それを支えることができる、高度な音楽的知識と演奏センスが、日本の女性シンガー・ソングライターの新しいページを切り開いた。が、そのあとに続ける者はだれもいなかった。

第35位

スチャダラパー

5th Wheel 2 the Coach

1995年

日本ヒップホップ音楽の金字塔
「会話劇」ラップが描く青春の日々

小沢健二と共演した曲「今夜はブギー・バック」の大ヒットにより、お茶の間にまでヒップホップ音楽を広げた翌年に彼らが発表した、五枚目のアルバムが本作だ。収録の人気曲「サマージャム'95」に象徴されるように、ヒップホップ音楽の歌詞が、若い世代の平凡な日常をスケッチしたポップ・ソングとして、広く愛されることが可能だった時代の幸福な空気がここに封印されている。

日本語でラップすることの困難を突破するための発想を、話芸に、とくに会話劇のありかたに求めたところに彼らの非凡がある。ラップが言葉遊びで「なければならない」という、あまりにも正しい達観がその根本にはある。だからこそ、タイトル・チューンの「懐の深さは曙なみ」なんてフレーズが出て来て、それがリズムに乗る。一度聞いたら忘れられない、この奇抜と楽しさ。これを実現できるだけの素養と蓄積をもって、彼らが打ち立てた日本のヒップホップ音楽の金字塔とも言える一枚が本作だった。

スチャダラパーの音楽性はアメリカのヒップホップの「ニュー・スクール」、たとえばア・トライブ・コールド・クエストらのスタイルに準拠している。これすらも、真理は日常性の中にある、という彼らの思想のあらわれだ。

第36位

遠藤賢司

満足できるかな

1971年

混沌を借景に詩情を描き出した「エンケン」の無手勝流ロック

日本のロックの歴史に独立独歩の足跡を刻み続ける「不滅の男」こと遠藤賢司の第二作がこれだ。六〇年代末期のフォーク・ソング・シーンから彼は登場してきた。しかし、カナダのニール・ヤングがそうであるように、アコースティック・ギター一本の弾き語りであっても、「どう弾くか」「どう歌うか」、またそれらの総体で「なにをどう表現したいのか」によって、それは第一級品のロックンロールともなり得る。本作における実証例のひとつが、ヒット曲となった「カレーライス」だろう。カレーライスを作る「君」と「つきまとう猫」が点描でえがかれているのだが、視点となっている「僕」だけが、割腹自殺をした三島由紀夫事件のニュースを、そのときたまたま、TVで見てしまっていた——という、まるでアメリカの優れた短篇小説のような歌詞構造をこの曲は持っている。そんな歌詞が、ちょっと聴くとまるで四畳半フォーク的な淡々とした弾き語りにて提示されることで、その文学的異化作用は、破壊的とも言うべきレベルまで引き上げられていた。

本作は大瀧詠一以外のはっぴいえんどの三人がバッキングを務めている。日本のロックとフォーク、洋楽と日本語の、健全なる浸食作用・相互作用があった時代の名盤がこれだ。

第37位

人気者で行こう

サザンオールスターズ

1984年

国民的バンドになる直前の青年期の逡巡とその打開

七八年にデビュー、ヒット曲を連発した初期から、停滞期を経て、ついにその実験性や主張と「目標とすべき」ポピュラリティとを両立させることに彼らが成功した、エポック・メイキングな一枚、それが七枚目のアルバムとなる本作だった。ここに収録されている「ミス・ブランニュー・デイ」、シンセ・ベースでテクノポップ的なアレンジが新機軸だった同曲の大ヒットが、本作で彼らが果たしたブレイクスルーを象徴している。そしてこのアルバム以降、サザンオールスターズの作品はすべて、発表するやいなや、オリコンの一位を獲得することになる。それは日本のそれまでのいかなるロック・バンドとも、違う道のりを歩んでいくことを意味した。アメリカで言えば八〇年代のジャーニー、イギリスで言えば二〇〇〇年代のコールドプレイのようなバンドがそれだ。まるで広告代理店が精査したマーケティング資料を基にしたかのような、「サザンに求められる最大公約数的快楽」をこそ、彼らは目標としていった。そして日本初の「国民的」バンドの像を、自ら演じていくようにもなった。

そこに至るまでの、成長期の彼らの雄姿、そのピークをとらえたのが、本作および、この次のアルバム『ＫＡＭＡＫＵＲＡ』だった。

第38位

DJ Krush
Strictly Turntablized
1994年

ヒップホップを抽象芸術に高めた ループ・サウンドの名陶工

世界のヒップホップ音楽が外形を大きく変化させていった時代、その潮流を先端でリードした一枚がこれだ。イギリスのインディー・レーベル〈モ・ワックス〉からリリースされた、DJ Krushにとってのセカンド・アルバムが本作。インストゥルメンタルの楽曲が並び、ダンスではなくリスニング用の音楽、あるいは「瞑想のための音楽」としてのヒップホップがここで提示された。なかでも、本作収録の「Kemuri」は彼の代表曲ともなった。水墨画を連想させる穏やかな階調の音世界の中で、尺八のような音色とターンテーブルのスクラッチが旋律を刻んでいく様が聴き手を魅了した。「幽玄」の心地よさを感じさせる奥行きと、あたかもフリー・ジャズの巨人、ジョン・コルトレーンよろしく、聴き手の意識に変容を迫るかのごとき刺激がそこには同時に存在した。そして本作は、「トリップホップ」、あるいは「アブストラクト（抽象的な）・ヒップホップ」と呼ばれるサブジャンル開発の嚆矢ともなった。

　ニューエイジ文化としての「禅」を、本作およびKrushの佇まいから感じた層も海外には多かった。かくして彼は、アメリカのDJシャドウとともに、この領域の第一人者としての国際的評価を獲得していくことになる。

第39位

少年ナイフ
Let's Knife

1992年

世界でいちばん愛された手作りのインディー・ロック

山野直子率いる女性三人組バンドだった少年ナイフの、日本およびアメリカでのメジャー・デビュー作がこれだ。といっても、ここに至るまでに彼女たちは、通算五枚のインディー・アルバムを発表していた。その独特なスタイルとキャラクターは、八〇年代半ばからすでに海外でも注目を集めていた。とくにアメリカ、イギリスのインディー・ロック・ファンからの支持は絶大で、その筆頭がニルヴァーナのカート・コベインだった。だから本作発表後の少年ナイフは、彼らとともに全英ツアーをおこなった。これはニルヴァーナの、いや九〇年代ロックの記念碑的大ヒット作『ネヴァーマインド』をフォローするツアーだった。かくして、「大阪のへたうまバンド」だった彼女たちは、歴史が音を立てて変貌していく様を、そのまっただ中のステージの上から目撃していくことになる。

本作では、「ロケットにのって」「アントニオバカ貝」など、それまでのインディー作に収録されていた人気曲の数々も新たに再演されている。童女が歌う童謡のような、人なつっこいポップ・パンク・ロックの「かわいらしさ」に人々は魅了された。彼女たちの成功は後進たちに——たとえば、PUFFYたちに、世界への道を開くことにもなった。

第40位

四人囃子

一触即発

1974年

プログレの時代を疾駆した ハイ・パフォーマンス・ロック

プログレッシヴ・ロックがロックのサブジャンルの中で最有力のもののひとつとなっていた時代、まるで日本代表でもあるかのように、その「国際標準」へと挑んでいったのが四人囃子だった。これは彼らの実質的なファースト・アルバム。タイトル・チューンに代表されるような、シンフォニックでスケールの大きい、十分を超える長さの楽曲にこそ彼らの持ち味があらわれている。彼らをして「和製ピンク・フロイド」と評する声もあった。これはまず、四人の卓越した演奏能力と、それを自在に使いこなすセンスへの讃辞として述べられたものだった。とくに本作では、森園勝敏のギターが絶賛された。英米の先端とはまだ圧倒的な力量差、情報量の差があった時代に、その先端ジャンルにて彼らが示して見せた雄姿は、日本のロック・キッズを勇気づけた。そして楽器の練習へと向かわせた。テクニカルな演奏を得意とする日本人アーティストの元祖が彼らだとも言える。

本作発表直後に脱退したベーシストの中村真一に代わって加入した佐久間正英は、のちにプラスチックスのメンバーになり、八〇年代以降、日本のロックの名盤を数多く手掛ける敏腕プロデューサーともなっていく。四人囃子とは、高質な才能が集う磁場の異名でもあった。

第41位

カルメン・マキ&OZ

カルメン・マキ&OZ

1975年

ブルースの翼で飛び立ったロック・シンガーの女王

パワフルなシャウトで、野太くしなやかなハスキー・ヴォイスで、カルメン・マキが日本のロック・シンガーのカリスマとなったのが本作だ。これはギターの春日博文を中心に結成されたバンド「OZ（オズ）」とともに制作した最初のアルバム。「売れないのが当たり前」だった当時のロック・アルバムとしては異例の一〇万枚越えのヒットともなった。長尺のハード・ロックとして堂々の風格の「私は風」ほか、ブルースを基盤とした充実のナンバーが並ぶ。

彼女を最初に有名にしたのは、「時には母のない子のように」だった。寺山修司の劇団・天井桟敷に参加した十七歳の彼女は、寺山の作詞による同曲でデビュー。そしてそもそもは演歌調のフォーク・ソングだった同曲に、沈痛なまでの陰翳《いんえい》を付与して、紅白歌合戦に出場してしまうほどのヒット作としたのはカルメン・マキの力量だった。そして自らのブルース感覚が指し示すがままに、「日本のジャニス・ジョプリン」を目指した。その方向性にひとつの達成を見たのがこのアルバムだった。

なぜか日本では伝統的に「ジャニス・ジョプリンを目指す」女性シンガーがあとを絶たない。しかしカルメン・マキを超えた者も、超えられる可能性があった者も、ひとりもいない。

第42位

ラウドネス

DISILLUSION ～撃剣霊化～

1984年

技術と精神力で勝負した「ジャパメタ」成功物語の起点

ジャパニーズ・メタルの真価を世界に知らしめる、その震源地となった一作がこれだ。彼らにとって四枚目のアルバムである本作は初のロンドン録音、イエスやジミー・ペイジも手掛けた名エンジニア、ジュリアン・メンデルスゾーンを起用、「Ｃｒａｚｙ Ｄｏｃｔｏｒ」など人気曲も収録した充実の一作となった。英米でも初めて本格的にリリースされた。二井原実のハイノート・ヴォーカル、高崎晃のギターの「タッピング奏法」、その「バカテク」ぶりが、海外の多くのメタル・ヘッズの度肝を抜いた。国際的なメタル人気の沸騰により、テクニック軽視でＭＴＶ受けのするバンドが大量発生し、「ヘア・メタル」という蔑称すら生まれていた当時の世相と、完全なる逆位相だった彼らのストイックさを、マニアックなメタル・ファンこそが愛した。その内実はどこか、イチローの野球技術への讃辞や、高品質な日本製オートバイの性能への信頼感とも似ていたかもしれない。

本作の成功を経て、翌年発表の『ＴＨＵＮＤＥＲ ＩＮ ＴＨＥ ＥＡＳＴ』は、ビルボード・トップ１００に初めてランク・インした日本のメタル・アルバムとなる（最高位は七四位）。そしてマジソン・スクエア・ガーデンでライヴをおこなった初の日本人アーティストとなる。

第43位

RCサクセション

カバーズ

1988年

巨大な力と衝突した受難の名盤 反骨をつらぬいた「替え歌」ロック

本作はいわくつきだ。まず、完成していたアルバムを、彼らの所属レコード会社、東芝EMIが発売中止とした。反核、反原発を訴える歌詞が、親会社である東芝の逆鱗《げきりん》に触れたのでは、との憶測が流れた。しかしトップ・バンドだった彼らの作品が、正体を明かさない何者かの「明かされない理由」によって簡単に封殺できるほど、当時の日本のロック・ファンは弱腰ではなかった。RCも一歩も引かなかった。結果、本作は彼らがかつて在籍していたキティ・レコードより発売され、見事バンド初のオリコン一位を獲得するヒットとなる。言論弾圧は、本作のいい宣伝材料にしかならなかった。

といっても、アルバムの内容は政治性一色ではない。タイトルにあるとおり、洋楽名曲のカヴァー集、というか「替え歌」集がコンセプトだった。忌野が見事に歌い上げる「サン・トワ・マ・ミー」に象徴されるように、かつての「上を向いて歩こう」の名カヴァーのように、少年期の忌野の音楽好きの魂が本作の起点だったはずだ。この傾向が、翌年にタイマーズ名義で彼が発表する「デイ・ドリーム・ビリーバー」につながる。モンキーズのカヴァーであるにもかかわらず、原曲以上ではないかとだれもが感じる「日本語の歌」がそこに生まれた。

第44位

ZELDA
ZELDA

1982年

「女性の時代」の先頭に立ったニューウェイヴのソロリティ

七九年に結成。九六年に解散するそのときに至るまで「継続して活動する世界最古のオール・ガールズ・ロック・バンド」として尊敬を集めていた彼女たちのデビュー・アルバムがこれだ。その呪術性、文学趣味、そして隅々にまで固有の美意識が行き渡った、ある種の秘密結社的な集団として、彼女たちは、男女問わず熱烈な信奉者を獲得した。このとき十八歳だったヴォーカルの高橋佐代子の、巫女《みこ》もかくやという佇まいが映える「Ａｓｈ－Ｌａｈ」、そして「開発地区はいつも夕暮れ」など、本作には人気曲も多数収録。もちろんバンド名は、アメリカの作家、Ｆ・スコット・フィッツジェラルドの愛妻であるゼルダに由来している。

七〇年代後半から吹き荒れたパンク／ニューウェイヴというロック音楽の変革の嵐は、その根源的な思想のひとつに「男性原理／強者支配の破壊」があった。だから元来は「男が支配していた」ロック・バンドの世界に、優秀かつ挑戦的な女性ロッカーが次々と参入してきたのがこのころだった。その燎原《りょうげん》の火は日本にも飛んだ。その焔《ほのお》のひとつである彼女たちが、フラッパー世代を象徴するモダン・ガールであり、ミューズであり、のちに狂気の中で没するゼルダの名を冠して立ったことは、偶然ではない。

第45位

真空パック

シーナ&ロケッツ

1979年

ロックンロールと結婚したふたり 祝福に満ちたそのスタート地点

ヴォーカリストのシーナ、ギタリストの鮎川誠。ロックンロールの美学と哲学を身をもって実践し続けた、不世出のロック・カップルが率いたバンドのセカンド・アルバムにして出世作がこれだ。異色作、と言ってもいい。本作のプロデュースを担当したのは細野晴臣。同時期にYMOを始動させようとしていた彼の興味の一部が反映されている。たとえばそれは、イギリスのエルヴィス・コステロ&ジ・アトラクションズの、この当時の「ニューウェイヴ」的なアレンジを、本来タイトでソリッドな「めんたいロック」のギター・バンドだった彼らにトリートメントしてみる、というものだ。ここで起きた化学反応の最良の一例が、ヒット曲ともなった「ユー・メイ・ドリーム」。フィル・スペクター・タッチでゴールデン・オールディーズ調のこの曲は、彼らの代表曲のひとつともなった。「いつもの」シーナ&ロケッツを彷彿とさせるハード・ロッキン・ナンバーならば「オマエガホシイ」だろうか。

夫妻はここから、あたかも巡礼者のようにロッカーの道を歩いていく。日本という深き泥濘《でいねい》の中で、このふたりの周囲にだけは、ボニー&クライドを描いたアメリカン・ニューシネマのような風がいつも吹き抜けていた。

第46位

ゴダイゴ

CMソング・グラフィティ・ゴダイゴ・スーパー・ヒッツ

1978年

雌伏《しふく》の時代の「CMソング」が国民的ヒットへとつながる回路に

のちにTVドラマ『西遊記』のテーマ・ソングを手掛け、日本のみならずイギリスでも同曲をヒットさせる彼らが、その成功をつかむ以前に手掛けていた、数多くの「CMソング」を収録したのが本作。これが「ゴダイゴの能力」を世間に広く知らしめる一里塚となった。

この当時、ロック・バンドのレコードとは、まずもって売れるものではなかった。そんな背景から、TVや映画の音楽、なかでもCM曲に活路を見いだす者もいた。たとえば大瀧詠一もそうだった。また逆に、歌謡曲に支配された閉鎖的な音楽業界よりも、このころは広告業界のクリエイターたちのほうが「話がわかった」のかもしれない。ミュージシャンがその能力の限りを、洋楽の知識と偏愛の限りを発揮できる媒体として、一部のCMソングは機能した。本作で言うと、「ミラージュのテーマ」「僕のサラダガール」といったあたりの日本人ばなれしたセンスを「ロック・ファン」こそが愛した。

元ゴールデン・カップスのミッキー吉野、タケカワユキヒデの二枚看板を擁するゴダイゴは、一種のスーパー・バンドだった。プログレッシヴ・ロック経由後の、テクニカルかつポップな曲構成には才気が溢れていた。英語詞を多用したことも画期的だった。

第47位

たま

ひるね

1991年

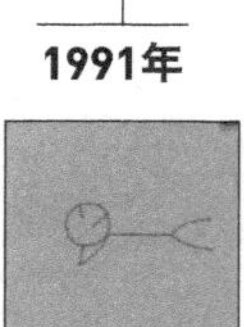

恩恵と烙印を一身に背負った ブームの落とし子の渾身の一枚

まさに狂躁だった。「バンド・ブーム」の時代末期の大騒ぎを、一身に背負わされたかのような存在が彼らだった。九〇年のメジャー・デビュー・シングル「さよなら人類」はオリコン初登場一位。同年の紅白歌合戦にも出場。『ビートルズ・レポート』(六六年)などで著名なルポライター、竹中労は彼らを「現代のビートルズ」と評して応援した。「たま現象」とまで呼ばれたその人気は、通称「イカ天」こと『いかすバンド天国』というTV番組にて形作られた。勝ち抜きバンド合戦だったこの番組での彼らを応援することを視聴者は好んだ。たまのメンバーの、いわゆる「アングラ劇団」風味の佇まいが、それほどまでにTV映えしたからだ。かわいい妖怪、あるいは和風レトロ趣味のひとつの典型として、平成が始まったばかりのこのとき、生きるキャラクター商品と化していたのがこのバンドだった。

本作はデビューの翌年に発表されたメジャー第二作。熱に浮かされず、地に足が着いた内容へとまとめ上げられたことを好感する層は多かった。民謡、チンドン、唱歌など、さまざまな「古いもの」を取り込む音楽性は変わらぬままに、無害だったはずの「郷愁」が、すでにここで哀調に浸食され始めている。

第48位

メルツバウ

緊縛の為の音楽

1991年

世界の愛好家を刺激するインダストリアル音楽の巨匠

海外において「ジャパノイズ」と称される日本の前衛的音楽家の代表的存在であり、かつ、群を抜く作品数とその質の高さで異彩を放っているのが、秋田昌美のアーティスト・ネームであるこのメルツバウだ。彼の作風は、ノイズ音楽の一形態「インダストリアル」と呼ばれるものの発展形としてとらえることができる。これはたとえば、工事現場から生ずる音や工場機械の作業音など、「騒音」と呼ばれるようなものを蒐集し、カットアップして、ひとつの音響芸術作品とする、という考え方を意味する。ここに彼ならではのスタンプを付与することで、メルツバウは国際的な名声を獲得した。SMパフォーマンスのためのBGMとして意図された本作は、とくに「オルタナティヴ世代」の米欧のロック・ファンにも支持された一枚。フェティシズムなど性文化の研究家でもあり、著作も多数の秋田の一側面が反映されたアルバムだ。ちなみに、メルツバウとはドイツ人ダダイストの美術家、クルト・シュビッタースの大型構造物作品の名称からとられたものだ。

アメリカの名門大学、たとえばハーヴァード大学のカレッジ・ラジオの周辺で、日本のアイドル音楽は知られていないかもしれない。しかしメルツバウが忘れられることは絶対にない。

第49位

カヒミ・カリィ

MY FIRST KARIE

1995年

夢見るころを過ぎる前 都会にはロイヤル・カップルがいた

「渋谷系」と呼ばれるブームが世にあったころを象徴する一枚がこれだ。サイズとしてはミニ・アルバムなのだが、この一作をもってして、彼女は都会的なポップ音楽のアイコンとなった。女子は彼女に憧れ、男子は彼女に悶絶した。本作のプロデュースを担当したのは、この当時、プライベートでも彼女のパートナーだったコーネリアスこと小山田圭吾。このふたりの関係性および存在感に、文化的に沸騰していた時代のパリにおけるセルジュ・ゲンスブールとジェーン・バーキンのそれを見たファンは少なからずいた。そうした幻想を過不足なく引き受けられるだけの、見事なるプロダクション・ワークをここで小山田はおこなっている。その完成度の高さという意味で、彼女のキャリアの中でもこの一枚は傑出している。

いわゆるウィスパリング・ヴォイス、囁くように、小鳥がさえずるように歌うという彼女のスタイルの引用元は、クロディーヌ・ロンジェだろうか。六〇年代後期から七〇年代初期にかけて、アメリカのA&Mレコードに彼女は作品を残した。そのほか、六〇年代のフレンチ・ポップ、ソフト・ロックと日本では呼ばれるあたりからも数多くの引用が見られる。アメリカやアジアでもカヒミ・カリィは人気を得た。

第50位

不失者

1st

1989年

ジャパノイズのヒーロー、灰野敬二 闇夜の前衛ハード・ロックンロール

無二のカリスマとして、ヒーローとして、世界中の「ジャパノイズ」ファンやアンダーグラウンド・ロックのマニアから崇拝されているアーティストが灰野敬二だ。七〇年代初期より音楽活動を開始、ヴォーカルを含め、あらゆるパートを自らこなすマルチ演奏家である彼が結成したバンドがこの不失者《ふしつしゃ》だ。本作は結成後十年を経て初めてリリースされたアルバム。灰野自らコンセプトを「ハード・ロック」と説明するように、深く沈降していく歪んだギター・サウンドの大音量が、即興性の強い楽曲構造の中で反響し続ける一枚だ。暗く、無慈悲で、同時に湿っぽい、まさにこの「救いようもない」感覚は、たとえば世界中のオルタナティヴ・ロック・バンドが、自らその実現を渇望してやまない性質のものだったはずだ。

　もしあなたがアメリカやヨーロッパに旅することがあるのなら、そのとき、まっすぐの黒髪を腰まで伸ばして前髪だけは眉の上で切りそろえ、大きな黒いサングラスをかけて服装も全身黒一色で統一して、ステッキを持って出かけるといい。一部の音楽好きから最敬礼で迎えてもらえるだろう。それが灰野敬二の変わらぬスタイルだからだ。異端ではなく、辺境の荒野をこそ往く、孤高のロッカーが彼なのだ。

第51位

エレファント カシマシ
THE ELEPHANT KASHIMASHI II

1988年

エレカシ、夜明け前 愛なき都市生活者の絶唱

ギター・サウンドは十分にラウドなのだが、ヴォーカルの宮本浩次《ひろじ》の声のほうがもっと大きく聞こえる。分厚いディストーション・ギターの、全弦を鳴らすコード・ストロークの大音量を背に、たとえば、とてつもなく「でかい声」の酔っぱらいが、独特の節回しで滔々《とうとう》と人生訓を述べているかのような――そんなロックンロールが、デビュー当時のエレファント カシマシだった。ヒットはしなかったが、一部のロック・ファンからは、喝采をもって受け入れられた。このころの彼らは、しばしばその佇まいを「予備校生のようだ」と評されていた。都市の原住民としての皮膚感覚、そのやるせなさ、所在なさから、まさに「爆裂」と評するしかないロックンロールへとつながっていく様を、聴き手は愛した。デビュー作の八ヵ月後に発表されたこのセカンド・アルバムでは、より宮本の歌の演歌度が増し、もってそれが破壊力をも増強している。その典型例が「おはよう こんにちは」。こんなふうにこんな日常語を口にして、それがロックとなった前例はなかった。

九〇年代後半、タイアップ・シングルなどでヒットを得て、彼らは人気バンドとなる。そうなる前の彼らの、ずっと首尾一貫して破綻のない「八方破れ」ぶりをこそ評価する声は多い。

第52位

ギターウルフ

狼惑星

1997年

生一本のガレージ・ロックンロール ひび割れた音の美学に殉じる狼たち

キャロルの精神を継ぐ者だ。ラモーンズの精神も継いでいる。女性ロッカーだがジョーン・ジェットの精神も、映画スターだがブルース・リーの精神すら……つまりロックンロールの「ある特定の領域」の敬虔《けいけん》なる信徒が彼らだ。少年期に親しんでも、多くの人が子供部屋に捨てていってしまう類いの空想や夢や美意識。そこにこそ強烈にこだわった音楽を、このブラック・レザーの上下に身を包んだ三人組は追求した。彼らはまずアメリカで注目を集めた。ツアーも盛んにおこなった。デビュー・アルバムは九三年にアメリカのインディー・レーベルよりアナログで発売された。本作はそんな彼ら初のメジャー盤にして「日本のメジャー・レコード会社史上、最も音質が悪いアルバム」との異名も得た一枚。もちろんそれは意図的なものだ。ラジカセで一発録りしたかのような、ざらざらの音色で鳴らされた「RAW（＝生）」なガレージ・ロックンロールがここにある。

そのセンスは曲名や歌詞にも発揮されている。本作なら「ワイルド ゼロ」「惑星ハート」「エネルギージョー」の三連発だろう。「ロックとかけて」とのお題に延々答え続けるような、まるで終わらない大喜利のごとき日々の中に、この三匹の狼たちの縄張りはある。

第53位

P－MODEL

IN A MODEL ROOM

1979年

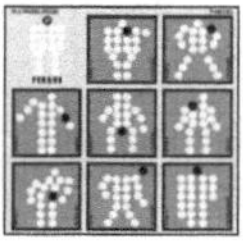

テクノポップ時代に華麗に咲いたシュールで凶暴な「頭脳音楽」

テクノポップの猛威が吹き抜ける中、その御三家のひとつと呼ばれた彼らのデビュー作がこれだ。並び称されたふたつのバンド（プラスチックス、ヒカシュー）と比べると、最もロックなダイナミズムを有していたのが彼らだった。あたかもテクノとニューウェイヴの境界線を高速度で駆け抜けるかのようなシャープなロック、それが聴く者の内部に生じせしめる興奮。これがP－MODELにのみ固有の特徴的なスタイルだった。ここで惹起される興奮には、独特な言語感覚も大きく寄与した。本作ならば「美術館で会った人だろ」「子供たちどうも」といったナンバーがそれにあたる。本来ならばどうということもない日本語が、「理由もまったくわからぬままに」突然帯びる凶暴性。それがまるで聴き手を脅迫するかのように、次から次へと襲いかかってくる、というシュールかつ異様なこの状態こそが、彼らにとっての「常態」でもあった。それが熱狂を生んだ。

彼らの特異性は、リーダーでありヴォーカルの平沢進の多才に負うところが大きい。平沢の存在は、P－MODELのアイデアの一端となったはずの、アメリカのバンド、ディーヴォにおけるマーク・マザーズボーのそれに近い。知性により音楽をコントロールする名将として。

第54位

MESS/AGE

いとうせいこう

1989年

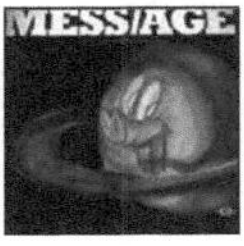

ヒップホップ理論にて設計された「未来のポップ」のための基礎工事

この力作が、日本で初めて制作された「ヒップホップ音楽の録り下ろしのフル・アルバム」だったということとの幸運は計り知れない。詞を書き、ラップをしたのは、すでにデビュー小説『ノーライフキング』も前年に発表していた、いとうせいこうだった。「脚韻を踏む」という、英語のラップには不可欠なれど、このことの意味を活かすことはほぼ不可能に近い日本語の構造の中で、彼が示して見せた数々のアイデアは「離れ業」と言うほかない。また、いとうと共同でプロデュースにあたったのがヤン富田だった。スティールパン奏者であり、電子音楽や音響芸術の研究家として名高い彼が制作したトラックの数々、これも「アメリカ製のそれの模倣」ではまったくなかった。それどころか、富田がサンプリングし、組み上げたトラックそのものが、ニューヨークの「ニュー・スクール」の雄、ジャングル・ブラザーズに「再サンプリング」されることすらあった。そんな富田とともに、ミュート・ビートのダブ・マスター・Xこと宮崎泉も本作に参加している。

日本へと伝播してきたヒップホップは、まず最初に、都市型の先端音楽ないしは総合芸術として理解された。その土台の上に立った研究報告の、当時最強の布陣によるものがこれだ。

第55位

あぶらだこ

あぶらだこ

1985年

悪夢が陶酔が高速度で変転する異形のハードコア・パンク

本作を含め、彼らのアルバム・タイトルはすべて『あぶらだこ』となっている。だから通称によって区別されているのだが、本作は「木盤」と呼ばれているデビュー・フル・アルバム。次作の「青盤」とともに、いまもってなお、彼らの最高傑作とする声は多い。そのストイックな姿勢から、あぶらだこは「ハードコア・パンク」と分類される。たしかに、その言葉から喚起されるだろうハードネス、これは彼らの特徴のひとつでもある。しかしたとえば、この時代のイギリスやアメリカの一般的なハードコア・パンク・バンドの音楽性から連想できるような、素朴と言っていい直情的な構造は、あぶらだこにはない。万華鏡のように変幻自在のギターに象徴される、多彩なるサウンドスケープ。そしてこのときドラムスだった吉田達也、のちにルインズを結成する彼がリードしていくリズムの、変拍子や速いパッセージの連続が、実験音楽のごとき緊張感を楽曲の中に生じせしめる、まさに異形のハードコア。衝動をこんな方法で純化したバンドは、これ以前にも以降も、国際的に見てすらも稀だ。

日本のパンク/アンダーグラウンド・シーンが沸騰していた時代、その活況の切磋琢磨の中から生まれた、ひとつの突端がここにある。

第56位

頭脳警察

頭脳警察1

1972年

詩人のペンが革命を鼓舞した史上最も有名な「発禁」作

日本のロックの歴史上、最も有名な発売中止アルバムかもしれない。頭脳警察のファースト・アルバムとして制作された本作は、完成していたにもかかわらず、レコード会社の自主規制によって葬られる。作品の冒頭に、日本赤軍の檄文を読み上げる楽曲「世界革命戦争宣言」があるため、それが問題視されたとの憶測が広がった。東西冷戦下で、反共の防波堤であるべき日本の、商業音楽の世界においてあるまじき「過激な思想」がある、と当局が危険視したとの噂が流れた。幻となった本作は、七五年のバンド解散時に、六百枚のみ自主制作でプレスされたのだが、中古市場ではこれに最高で数十万円のプレミアがついた。本作がCD化され、初めて広く公表されたのは、すでにソ連邦が崩壊し冷戦も終わったあとの二〇〇一年だった。

本作は同時に文学的でもあった。「赤軍兵士の詩」はドイツの劇作家、ブレヒト作品の翻案だし、「さようなら世界夫人よ」は同じく独文のヘッセの作だ。ヴォーカル、ギターのパンタとパーカッションのトシという最小単位の編成は、マーク・ボランがグラム・ロック化する前のティラノザウルス・レックスがアイデア元ではなかったか。革命を夢見る浪漫派が、ロック音楽を武器にできた時代の記録がこれだ。

第57位

Lunatic Menu

一風堂

1982年

職人の才気が花開かせた ニューウェイヴ国際交流の磁場

腕利きのギタリストとして、数多くのアーティストのバッキングを務めていた土屋昌巳が結成したバンドが一風堂だった。メンバーも音楽性も変遷し続けていた彼らが、そのキャリアの絶頂期に発表したベスト・アルバムが本作。オリコン二位を記録し、のちに何度もカヴァーされることになる大ヒット曲「すみれ September Love」も収録、彼らの像を洗練されたニューウェイヴ・バンドへと収斂させたコンピレーション・アルバムとしてとらえることができる。ベルリン時代のデヴィッド・ボウイを彷彿とさせるエレクトロニック・ナンバー「ジャーマン・ロード」や、ゾンビーズの六八年のヒット曲「ふたりのシーズン」のテクノポップ・アレンジ・カヴァーなど、聴きどころは多い。カラフルにして緻密なポップ・ソングが並んでいる。

高い技量と経験を有していたプロフェッショナル・ミュージシャンが、時代の先端モードを自在に駆使してクリエイションをおこなう、という点で、このころの土屋はYMOの三人と同質の成功をおさめていた。それゆえ、イギリスの人気バンド、ジャパンのワールド・ツアーにギタリストとして招聘《しょうへい》されたりもした。デュラン・デュランのメンバーとの交流も深かった。

第58位

テイトウワ

Future Listening!

1994年

ニューヨークで鍛えられた耳が東京を「未来の音の街」にした

ニューヨークのダンス・ポップ・グループ、ディー・ライトの一員として活躍したのち、日本に凱旋帰国した彼が最初に作ったソロ・アルバムが本作だ。ディー・ライトの成功は巨大だった。彼らが九〇年に発表した曲「グルーヴ・イズ・イン・ザ・ハート」は、世界中のクラブはもちろん、各国のナショナル・チャートの上位を軒並み独占。同年を代表する地球規模の一大ヒット・ナンバーとなった。

本作でテイがクリエイトしたのは、ディー・ライトの「ずっと先」にあるような音楽だった。ハウス音楽のビートに、ボサノヴァ、バトゥカーダといったブラジル音楽やインドのシタールなどが次々に混ぜ合わされていくその様子に、「先取りされた未来の音楽」を感じた層は多かった。テイがニューヨークにいた時代、ヒップホップとハウスには、双方が浸食し合い、刺激を与え合えるような闊達な空間があった。これは「ヒップ・ハウス」と呼ばれる領域であり、ディー・ライトのヒットはそこから生まれた。だからテイがこうした形で「さらにその先」へと進むのは必然だった。そしてそれを支えた、新しい音楽の発信地としての東京が、その「クラブ・シーン」が、にわかに国際的な注目を集め始める契機にもなった。

第59位

ランキン・タクシー

ワイルドで行くぞ

1991年

第一人者のパイオニアが設計した「何でも言うぞ！」というレゲエ

日本のレゲエ音楽、なかでもダンスホール・レゲエの先駆者にして開拓者である彼のメジャー・デビュー・アルバムがこれだ。ランキン・タクシーの特徴は、一人で何役もやるところだ。彼はまず、レゲエ用語で言うところのディージェイ（DeeJay）、つまりヒップホップ音楽におけるラッパーだ。そしてレゲエ用語のセレクター（Selector）、ヒップホップにおけるDJでもある。そして、これはジャマイカ音楽の特産品とも言える、屋外のダンス・パーティーにて使用するための、巨大にして高性能のスピーカーおよび音響機材のセットである「サウンド・システム」をも、彼は自作してしまうのだ。建築家でもあった彼が作り上げた、まさに超弩級《どきゅう》の低音を鳴り響かせるこのシステムは「TAXI Hifi」と名付けられた。これらの大半は、多くの日本人にとって、初めて目にするもの、耳にするものばかりだった。ここからレゲエが布教されていった。

本作では、浮き立つビートとポップな手触りが「レゲエの楽しさ」を伝えてくれる。また、くっきりした日本語の歌詞も楽しい。「河内音頭のようだ」と当時評されたそれは、教育問題から身の上相談まで、自由自在に紡がれていく。こうした言葉も後進の者を強く啓蒙した。

第60位

JELLY TONES

ケン・イシイ

1995年

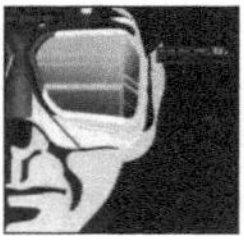

世界のテクノ・シーンに斬り込んだジャパニメーションのような成功作

「世界のケン・イシイ」と彼は呼ばれた。九三年、彼の初のミニ・アルバムがベルギーの名門インディー・レーベル〈R&S〉からリリースされ、それがイギリスを代表する音楽誌〈NME〉のテクノ・チャートで一位を獲得。これがまず日本では大きな話題となった。セカンド・アルバムである本作は、さらなるブレイクスルーを彼にもたらした。世界の先進的なポップ音楽ファンからの広い支持を集めた。なかでも、カヴァー・アートを手掛けた森本晃司による、楽曲「Extra」のアニメーション・ヴィデオ・クリップは国際的にも大きな話題となった。森本は日本のアニメーション映画史上、空前のインパクトを世界中に与えた、大友克洋原作・監督の『AKIRA』にも参加していた。つまり「ジャパニメーション」の粋とも言える映像と共演することが可能なだけの洗練が、ケン・イシイの音楽にはあったということだ。

ダンス音楽の「テクノ」の発祥の地はアメリカのデトロイトだ。その方法論に依りながら、緻密に計算された「引き算の美学」あふれる独特のスタイルをイシイは作り上げた。あたかもそれは、YMOから連綿と続く日本の「テクノポップ」の門徒が、「デトロイト・テクノ」と縁戚関係を結んだことを告げるかのように。

第61位

クリエイション

ピュア・エレクトリック・ソウル

1977年

ブルース・ロックの名手が決めた「最もよく知られた」あのフレーズ

最大のヒット曲「スピニング・トー・ホールド」が収録されている、クリエイション名義での第三作がこれだ。同曲はプロレスラー、ザ・ファンクスの試合時の入場曲として起用された。TVのプロレス中継を通じて、このグルーヴィーな曲はお茶の間にまで浸透。日本のロック史上初のインストゥルメンタル・ヒット曲となった。その鮮やかなるフュージョン・スタイルの速いパッセージは、当時日本で最もよく知られたギター・フレーズとなった。これを弾いていたのがリーダーの竹田和夫だった。

前身となるブルース・クリエイションが結成されたのは六九年。このころ、クリーム、ヤードバーズなど、イギリスのブルース・ロックが大きな人気を得ていた。だからそんな音楽性を指向するバンドは日本でも少なくはなかったのだが、竹田のギター・プレイが、彼らをライバルたちから一頭地抜け出させた。そしてブルース・ロックのギター・ヒーローとして竹田の名は記憶されていく。カルメン・マキのバッキングを務めたあと、バンドは編成を変え、改名。そしてアメリカのバンド、マウンテンのベーシストで、クリームのプロデューサーだったフェリックス・パッパラルディとの共作の翌年にリリースされたのが本アルバムだった。

第62位

暴力温泉芸者
NATION OF RHYTHM SLAVES

1996年

渋谷系をたったひとりで変えた サービス精神旺盛なるノイズ天国

のちに作家としても活躍することになる中原昌也のアーティスト・ネームが「暴力温泉芸者」だった。そしてほぼ彼ひとりの活動、および存在の影響から、渋谷系と呼ばれるカテゴリーの中に「デス渋谷系」なるサブジャンルが生まれた。東京的な都市生活と米欧の「オルタナティヴ」音楽シーンとの結節ポイントとなるものが、彼の作品にはあった。つまりそれは、「ジャパノイズ」とフレンチ・ポップがなんの違和感もなく共存できる地帯が、東京にのみ生まれ得たことを意味した。そんな時代の象徴ともなる一枚が、ヒット作ともなった本作だ。

サンプリング、ループ、カットアップ、コラージュ、あるいは既存のレコードをそのまま流しながらハミング——といった多彩な方法で組み上げられた楽曲の構成要素が「聴き手の意識の流れとつねに対峙し続けているかのように」変転に変転を重ねていくところに彼の音楽の真骨頂がある。この過程の中に、まるで無音のような「無関心」と、まるで「無秩序」のようなノイズが立ちのぼってくる。ときにはそこに、耳に心地いいポップな響きすら含まれる。朗らかなユーモアもある。この旺盛なるサービス精神が、サーストン・ムーアやベック、小山田圭吾までを彼の音楽に注目させた。

第63位

近田春夫&ビブラストーン
Vibra Is Back

1989年

時代を先取りした「人力ヒップホップ」バンド

初期のヒップホップ音楽は、ステージ上で実演されるとき、ラップの背後でバッキングを務めるのはDJによるターンテーブル・プレイ、もしくは事前に用意された音楽トラックを流す、という方法が一般的だった。しかしそれに反して「生バンドの演奏をバックにラップする」という発想を持つ者もいた。このアイデアを世界で最初に実用化したのは、七九年にブルックリンにて結成されたバンド、ステッツァソニックだった。同様の手法を日本に導入したのが近田春夫&ビブラストーンだ。JAGATARAのギターだったOTOをメンバーに迎え、ホーン・セクションも擁した大編成のバンド・サウンドを背にした近田のラップは話題を呼んだ。彼らの最初のアルバムが、ライヴでの演奏を収録したこのアルバムだった。

近田の音楽活動歴は長い。GSの時代から始まって、七〇年代にはハルヲフォンを率いての活動や、歌謡曲評論家としても注目された。近田がラッパーとなったのは、日本産ヒップホップ音楽の萌芽が見られ始めた八五年だった。彼のその嗅覚が「ヒップホップ・バンド」に向かわせたのだろう。二十一世紀に入って以降、洋の東西を問わず、ヒップホップ音楽のステージに生バンドは必須となっているのだから。

第64位

ピチカート・ファイヴ
Happy End of the World

1997年

文化的都市生活者の琴線に触れた幸福で魅力的で愚かなるダンス音楽

ある時期のロサンゼルス、メルローズ・アヴェニューに並ぶ洋服店の数々で、ピチカート・ファイヴの「トゥイギー・トゥイギー」が流れ続ける、という現象があった。九四年にアメリカ・デビューした彼らは、ゲイ・コミュニティやファッション業界人から、熱狂的に迎え入れられた。ピチカート・ファイヴは、まるで彼らの活動を演繹《えんえき》するところから生まれたかのような言葉「渋谷系」のアイコンのひとつとなった直後に、世界にその名を轟かせた。

本作は彼らにとって、初の「全世界同内容での発売」となったアルバム。バンドの頭脳であり、文化的博覧強記の人でもある小西康陽《やすはる》がこのころ傾倒していた、ナイトクラブにおけるDJプレイの影響が見てとれる。ダンス音楽の手法、あるいはそのビートを大胆に取り入れたコンセプチュアルな構造は、まるで異世界のディズニーランドを思わせる多幸感に満ちていた。これを小西自ら「ハッピー・チャーム・フール・ダンス・ミュージック」と呼んだ。めくるめくその音楽トラックと、歌姫・野宮真貴の存在感との高次元での拮抗ぶりを評価する声は多い。同年に発表されたコーネリアス『ファンタズマ』とも一脈通じる、幾度目かの「マジック・サマー」の気配すら漂う一枚がこれだ。

第65位

青空百景

ムーンライダーズ

1982年

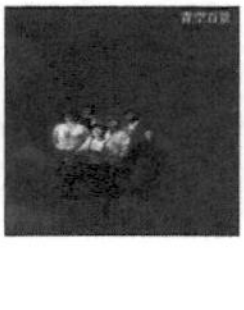

難解癖を止揚して「いい歌」へ　実力派がついに開眼した新境地

のちに傑作との評価を得ることになるアルバム『マニア・マニエラ』を完成させたものの、あまりに難解であるとのレーベル側とバンド側双方の考えから、これを一時お蔵入りさせて、「わかりやすいものを作る」として取り組まれたのが本作。結果、彼らにとって七枚目のこのアルバムは、「歌もの」としての完成度も高い、キャッチーな一枚として人気を集めることになった。そのタッチは、イギリスのニューウエイヴ・バンドにしてポップ・ソングの職人のXTC、あるいはスクイーズなどにも通じた。

この着地点が、この先の彼らの足場のひとつとなった。また同時に、本作を追うかのように、（わざわざ）当時まだ普及していなかったCDのみで発売された『マニア・マニエラ』が、マニアックな音楽ファンを驚愕させた。

前身となったバンド、はちみつぱいの結成は七二年だった。だからムーンライダーズのキャリアはこの時点でもすでに十分長かった。彼らはいつも実験を繰り返していた。ニューウェイヴに感化されたのも、日本のバンドとしては最も早い部類だった。実力派であり、前進主義的でもある彼らの特性は、ここにおいて見事にひとつに止揚され、その後のさらに長いキャリアへとバンドを導いていくことになる。

第66位

S.O.B.

What's the Truth?

1990年

あらゆるハードネスの最果てへ猛速度で突進した伝説のロック

グラインドコアと呼ばれるハードコア・パンクのサブジャンル、その初期の最重要バンドとして国際的名声を得たのがこのS.O.B.だ。グラインドコアとは、とにかく速いテンポのブラスト・ビートに、低域を強調したギター・サウンドがまず最大の特徴となる。そして押しつぶしたような、首を絞められているかのような、口の中でくぐもっているかのような、そんな声音で大轟音をさしつらぬくかのようにシャウトする——こうした方向性において、考えられる限りの「果て」をこそ目指していく、というスタイルがこれで、その創始者と言われるバンド、イギリスのナパーム・デスらに大いなるインスピレーションを与えたとされるのが、八五年に大阪で結成されたS.O.B.だった。

そんな彼らのセカンド・アルバムであり、インディー・リリース後、メジャー・レーベルから改めて再発売されたのが本作だ。「世界最速」のビートと称されたファースト・アルバムよりも、意図的にスピードは抑えられている。重さを増すための措置だ。より重くなったギターとドラムの音像が、ほとんど物質的な「厚み」となって、聴く者に襲いかかってくる。この堂々たる迫力をデスメタル・ファンも愛した。スケートボーダーももちろん愛した。

第67位

ファンタスティック・プラスチック・マシーン

The Fantastic Plastic Machine

1997年

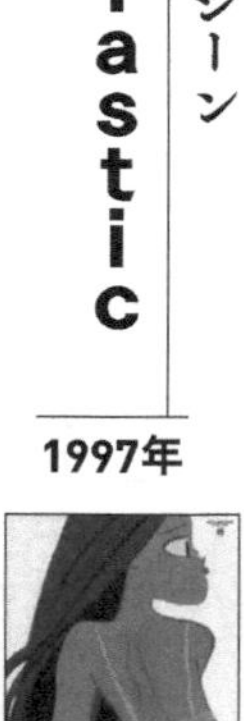

架空の六〇年代を編集し得た洗練と洒脱の「ラウンジ」DJ音楽

ダンス音楽の手法を用いながらも、「踊るための音楽」としてだけではなく、新しい時代のイージー・リスニング音楽をこそ創造し、九〇年代に大きな足跡を残したアーティストが田中知之ことファンタスティック・プラスチック・マシーンだ。本作は彼のファースト・アルバムで、アメリカでも発売された。「ラウンジ」と総称されるカテゴリーの音楽に、ブレイクビーツやハウス的なビートを当て込んでいくという手法を、最初に世界中に見せつけたのがこのアルバムであり、また同時に、彼はそれをきわめて洗練されたタッチでおこなった。ゆえに本作収録の曲「バチェラー・パッド」は、アメリカの大ヒット・コメディ映画『オースティン・パワーズ:デラックス』の挿入歌として起用された。映画同様、このグルーヴィー・チューンは「架空性の高い六〇年代」を想像させた。

田中は、まるでバンドのように小都市も含む全米縦断のツアーをした初のDJともなった。彼のプレイから「DJとはいかなるものか」知った層は、かの地において思いのほか多く、だからその影響も甚大だ。たとえば、これも大ヒットした米TVドラマ『マッドメン』のテーマ曲。同国のDJ、RJD2が作曲のこのナンバーからは、田中の手法が透けて見えてくる。

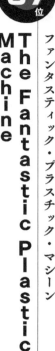

第68位

高木完

Grass Roots

1992年

純国産ヒップホップが世界に飛躍「木を植え続けた人」の達成

日本のヒップホップ音楽の黎明期から活躍してきたキー・パーソンのひとり、高木完のセカンド・ソロ・アルバムが本作だ。この時代、ヒップホップの人気は国際的に沸騰し、音楽的可能性の追求が盛んに競われていた。その先端を狙ったかのような一枚がこれだ。たとえばジョナサン・リッチマンの名曲「エジプシャン・レゲエ」をループさせた「もっとＳｕｒｅｓｈｏｔ，ずっとＳｈｏｕｔｏｕｔ」。世界広しといえども、こんなことを実際におこなえる人は少ない。またこの曲での高木のラップとほぼ同じフレーズが、本作の翌年、ニューヨークの「ニュー・スクール」ヒップホップの大スターだったデ・ラ・ソウルのアルバム『Buhloone Mindstate』に収録された。これはデ・ラ・ソウルに招聘された高木とスチャダラパーが渡米して、彼らがなんと「日本語で」ラップしたものが楽曲の一部として起用され、ワールド・ワイドにリリースされるという快挙へとつながったものだ。

スチャダラパーがデビューしたのは、八八年に設立の日本初のヒップホップ／クラブ音楽レーベル〈メジャー・フォース〉からだった。高木とともに同レーベル設立者だった元プラスチックス／メロンの中西俊夫、K.U.D.O.も本作のプロデュースに参加している。

第69位

小沢健二 LIFE

1994年

「Jポップ」の過熱をも招いた渋谷系最大のメガヒット・アルバム

元フリッパーズ・ギターの小沢健二のソロ第二作であり、「渋谷系」と呼ばれた作品群の中で最大のセールスを上げた一枚がこれだ。

本作の第一の特徴は、やはり、過去の名曲や名演の引用や模倣の数の多さだ。まずアルバム・タイトルそのもの、タイトルやアーティスト名のロゴ・デザインまで、アメリカのスライ&ザ・ファミリー・ストーンの六八年の歴史的名盤の「そっくりそのまま」であるところから始まって、曲や詞やアレンジについても同様だった。つまり戦後の日本人が営々と蒐集してきた「文化的価値あるもの」の大皿で埋め尽くされたテーブルを前に飽食を重ねた世代にしかできないポップ音楽がこれだった。その贅沢にして刹那的な音楽をもってして、小沢は自らを七〇年代の男性アイドル歌手かニューミュージックのスターと成らしめることを目指し、そして成功する。それはかつての僚友、小山田圭吾があくまでも「国際標準のロック音楽」を追い求め続けたことと、好対照を成していた。

紅白歌合戦に出場するほどの人気を得た小沢のこの成功が、九〇年代後半の異様なる「Jポップ」市場の過熱を引き起こす一因ともなった。そして本作は、同時代を過ごしたある特定層の日本人にとっての世代歌として定着する。

第70位

ローザ・ルクセンブルグ
ぷりぷり

1986年

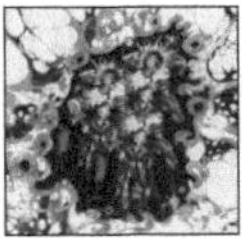

奇天烈にして自由奔放　京都から出現した異才のデビュー作

ヴォーカル／ギターの「どんと」と、ベースの永井利充は、のちにボ・ガンボスを結成、八〇年代終盤から九〇年代の初頭の音楽シーンを騒がせることになるふたりだ。彼らはそこで、ニューオリンズ・ファンクなど、ロックンロールのルーツや周縁の古典的な音楽に接近しつつ、自由奔放でサイケデリックな作品世界を構築していくことになる。このふたりとは異なる個性と音楽性を持つのが、ギターの玉城宏志、ドラムスの三原重夫。彼らはモダンでシャープなロックを得意とした。この異質なる両者の、水と油とも言えるような関係性が、ローザ・ルクセンブルグを特異なバンドたらしめていた。その奇天烈なコスチュームに劣らぬ、奇天烈な歌詞と楽曲の主題、これらが巧みな演奏によって上空に放り投げ出されていく、ハイ・エナジー・ロック——彼らのこの独自性は、たとえばバンド・コンテストで、細野晴臣と矢野顕子に絶賛されることにもつながった。そして少数ながら熱狂的なファンを獲得した。

デビュー曲「在中国的少年」も含む、彼らの第一作がこれだ。そして二枚目のアルバムを発表後、彼らは解散。まるでそれは彼らがバンド名に冠した、悲運の社会主義者の生涯のごとき、鮮烈なる一瞬の軌跡だったのかもしれない。

第71位

フラワー・トラベリン・バンド
SATORI

1971年

北米で最初に花開いた日本発のサイケデリック・ロック

史上最初に海外で成功した日本のロック・バンドが彼らだ。本作はセカンド・アルバム。米アトランティック・レコードと契約し、本作の内容をもとに国際的なデビュー作となる海外盤が制作された。こちらはアメリカおよびカナダで発売され、収録の楽曲「SATORI part2」がカナディアン・チャートの八位にランクされるヒットとなった。七分近い長尺の同曲はオリエンタリズムに満ちていた。といっても「日本風」を売りにしたわけではない。言うならばインド風サイケデリックか。シタール調の旋律をフィーチャーした「ラーガ・ロック」の手法で構築されたヘヴィな音世界を、ジョー山中のハイノート・ヴォーカルが突き抜けていく様に、多くのロック・ファンが瞠目した。もちろん歌詞は英語だ。つまり彼らは「日本から来たバンド」として、まるで見慣れぬ珍獣のように興味を持たれて人気を得た、わけではない。その逆だ。たんに「国際基準のロック」を演奏する日本発祥のバンドとして、一定の成功をおさめた。このことの意味は大きい。

「SATORI part2」はこのあともカヴァーされ、映画に使用され、時代を超えて愛され続けている。プロデュースは内田裕也。世界で末永く記憶されるだろう一枚が本作だ。

第72位

電気グルーヴ
A（エース）

1997年

こだわりだらけのテクノ・キッズがヒットを狙って成し遂げた一枚

この時点での彼らにとって最大のヒット作となった七枚目のアルバムがこれだ。本作の成功は、先行したシングル「Ｓｈａｎｇｒｉ－Ｌａ」が引き寄せた。この曲はディスコ時代を象徴するダンス・クラシックの名曲、シルヴェッティの「スプリング・レイン」（七七年）の流麗なるストリングスを引用した楽曲に、恋愛を歌ったまっすぐな歌詞を添えて、ドラマチックなポップ・ソングとして仕上げたものだった。米米ＣＬＵＢのようだ、という声もあった。たしかに、きちんと計算され尽くした、ダンス音楽として一級品のビートをそなえたそのサウンドに注意を向けさえしなければ、そうとも思える、カラオケにも向くだろう構造はあった。同曲はオリコン一〇位内にランクインを果たした。

九〇年のインディー・デビューからずっと、電気グルーヴはある意味での成功はおさめていた。熱心なファンはいた。才気あふれる彼らの発言や行動はメディア上で注目されてもいた。あるいは石野卓球の、テクノやエレクトロニカ音楽への純粋にして一徹なこだわりへの信奉者も少なくはなかった。ただ「ポピュラー・ヒット」だけがなかった。そこを狙って、見事な成功を得たのが本作だった。しかも「それまで培ってきた」美点をただのひとつも失わず。

第73位

BOØWY

JUST A HERO

1986年

彼ら「以前」と「以降」とを分かつ日本のロックの分水嶺

決定的な一枚だ。バンドにとって決定的な成功をもたらした、という意味がひとつ。もうひとつは、本作の内容およびその巨大なる成功が、ひとつの典型とも言えるもののディティールをも決定づけてしまったからだ。このアルバム以降、日本のアマチュア・バンドの多数が彼らを目指した。髪を逆立て、氷室京介のように歌い、布袋寅泰のようにギターを弾くことに熱中した。四枚目のこのアルバムを発表後に、彼らは初の武道館に立つことになる。

彼らのロックはユニークだ。イギリスのバウハウスら、ゴスやニューウェイヴの影響はあるようなのだが、深く追求した気配はない。氷室の唱法は矢沢永吉以降の、日本のロック・ヴォーカルのひとつの類型の延長線上にある。歌詞もメロディーも、歌謡曲的な湿度と粘度が目立つ――にもかかわらず、それらが逆に、日本の気候風土に根ざしたリアリティとして、彼らの音楽の独自性を裏支えしている。たとえばそれは、不良用語における「気合い」のような、土着の精神性、その美意識の集積だったのかもしれない。それが「日本語のロック」という回路を通って吹き出した、その成果の揺るぎなさは、本作に収録された彼らの代表曲のひとつ「わがままジュリエット」を聴くだけでわかる。

第74位

キングギドラ

空からの力

1995年

日本のラップを独自進化させた空からの衝撃

九〇年代後半から連綿と続いていくことになる、日本のヒップホップ音楽の新たなる文法、そのかなりの領域を定義してしまった一枚がこれだ。本作はK DUB SHINEとZEEBRAの2MCとDJ OASISの三人組、キングギドラのデビュー・アルバム。彼らの登場によって、それまでの日本語ラップの中には必ずあった、ある種の含羞《がんしゅう》が消滅した。「英語でしか成立し得ない」行為を、無理に無理を重ねて日本語世界の中で再現しているのだ、という強い自覚と逡巡、そこから生じてくるべき批評的感性も、消滅した。それはちょうど、日本語のパンク・ロックにおけるブルーハーツの効果と似ていた。「こうやればいいんだ」というシンプルな方法論を、彼らは多くの後続の者に示した。そしてそれは、オリジンの強さくびきから自由になった――かのようにも見える――日本独自の進化を遂げたラップの登場を促進した。ラップは日本でのみ、自由律の俳句にも近いものになった。その起点はここからだ。

同時に、本作はサウンドも高水準だった。歌詞を聴かなければ洋楽だと誤解してもおかしくないほどの、シリアスな音像が積み上げられていた。詞と音、この両面の充実によって、本作はきわめて高い影響力を発揮した。

第75位

BANG!

ブランキー・ジェット・シティ

1992年

絵になる男たちによる洋画のようなロックンロール

キャロル以来、と言うべきか——日本においては、いつ以来かもわからぬほどの長き不在を経て、美しき肉の身をそなえたロックンローラーがシーンに帰還してきたことを、多くの人々が喜んだ。この三人は、絵になった。写真に撮るだけで物語が生まれた。マンガのキャラクターにもなった。まるでアメリカの古いバイカー映画に出て来る無口な流れ者のような、あるいは、ティーンエイジャーの繊細さを胸のうちにずっと留めている悲運のアウトローのような……そんな佇まいに魅了されていた者の視線、つまりは期待票に、ついに彼らが満額回答を与えてくれたのがこの一枚だった。

セカンド・アルバムである本作のプロデューサーは、元・一風堂の土屋昌巳。ギタリストであり、ニューウェイヴ・ロックの職人でもある彼の知識と感性が、三人の個性とマッチして「ブランキー・サウンド」とも言えるスタイルをここで初めて確立した。それは、ひりつく皮膚感覚を重視した、神経質にして潔癖性のモダン・ロカビリー、とでも呼べそうなロックンロールだ。「冬のセーター」「SOON CRAZY」など、代表曲ともなるナンバーも収録した本作の成功から、バンドと土屋の共同作業は、このあとも当分のあいだ続いていくことになる。

第76位

サンディー&ザ・サンセッツ
IMMIGRANTS

1982年

地域も民族も幸福に溶け合った 環太平洋的無国籍ポップの楽園

日本のロック音楽の歴史の中に個性的な足跡を残す腕利きミュージシャン、久保田麻琴が、シンガーのサンディーをフィーチャーしたバンドのセカンド・アルバムが本作。ＹＭＯの高橋幸宏と細野晴臣が参加している。細野は八〇年のサンディーのソロ第一作のプロデューサーでもあった。そして久保田と細野は幾度も共同作業をおこなった盟友だった。たとえば七〇年代の喜納昌吉のヒットは、このふたりのそれぞれが興味を持ったところから生まれた。本作にも沖縄民謡を思わせるリズムや音階が取り入れられている。エレクトロニック・サウンドの中に昇華されたそれが、サンディーのソフトな歌声によって提示されていく。ちょうどこのころのイギリスやアメリカのニューウェイヴ勢が、アフリカやカリブ海の音楽へと接近していったように、彼らは汎アジア的な、あるいは環太平洋的な楽園の音楽を指向していくのだが、その起点となったのがここだった。

サンディーの歌姫ぶりも見事だった。無理のない必要十分な英語による表現力——という、当たり前なれど日本発の音楽としてはきわめて稀な能力を発揮した彼女の貢献によって、バンドは海外でも注目された。本作にはジャパンのデヴィッド・シルヴィアンも参加している。

第77位

カジヒデキ
TEA

1998年

開眼したミスター・スウェーデン
極上デザインの「平熱」ポップ

あっけらかんとした解放感と、それを支え得る洗練のきわみとも言えるデザイン性――という、それこそ北欧家具のような構造力学をそなえたアルバムが本作だ。個性的、かつ人当たりがよく、そしてなにより、長持ちがする。いかなる風雪をも越えて愛される。そんな、ポップ音楽のお手本のような楽曲が詰まっている。

前年にデビュー作『ミニ・スカート』を発表したカジヒデキは、まるで復活したバンド・ブームの狂躁がすべて彼ひとりの身の上に降り掛かってきたような大騒ぎを体験する。つまり、売れた。「ネオアコ」と日本では称される音楽の遺伝子を、ビート・パンクもかくやという高揚感たっぷりのナンバーへと転生させてしまったせいだ。しかし本作ではそこから一転、しっとりと落ち着いた楽曲が並ぶ。初の本格的スウェーデン録音。名匠トーレ・ヨハンソンとともにマルメのタンバリン・スタジオで作り上げた、この「平熱の」アルバムから、このあと彼が長きにわたって健脚を示し続けることになる、黄金のポップス・ロードが始まっていくことになる。六〇年代のイギリスのロックやアメリカのソウル音楽に焦がれた、北欧と極東の辺境に住む音楽狂が、最初に手と手を取り合って作品づくりへと向かった瞬間の記録がこれだ。

第78位

東京スカパラダイスオーケストラ
TOKYO SKA PARADISE ORCHESTRA

1989年

東京をスカの産地に変えた 世界最長寿にして最多人数の伝道団

「スカパラ」と略称される彼らのデビュー作、インディー・レーベルよりアナログ盤でリリースされたものがこれだ。素朴なれど、クラブ・サーキットで活躍していた時代の彼らの息吹きを濃厚に感じることができる。この「東京」で、「スカ」を、ホーン・セクションも含めた大所帯で、あたかも「オーケストラ」のような合奏を、クラブなどでおこなう――このすべてが前例のない挑戦だった。ゆえに新鮮だった。ジャマイカ音楽の華であるレゲエの原初的な形態であり、六〇年代に数多くのヒット作があるこの「スカ」を、そのビートの躍動を彼らの活動から知った者は、日本のみならず、海外ですら少なくはない。それほどまでに、「スカパラのスカ」は洗練され、「わかりやすく」翻訳されていた。クレージー・キャッツのようなスーツだって、そのための重要な小道具だった。

ホーン・セクションだけの客演も含めて、彼らはつねに、大衆の視線が集まる場に身を置き続けていく。そこが彼らのお手本のひとつ、ジャマイカのスカタライツとは異なる点だ。スタジオ・ワンの名バンドとして活躍するも、短命に終わってしまったスカタライツが果たせなかった夢を、まるで肩代わりして実現しているかのような歩みを、スカパラは進めていく。

第79位

マキシマム ザ ホルモン
ぶっ生き返す

2007年

「J」の支配を切り裂いて天下を獲った地下ロックの精髄

彼らが第一級の人気バンドとなったこと――日本のロック音楽、〇〇年代最大の事件とは、これだ。その大進撃の始まりを告げたのが四枚目のアルバムとなる本作。この内容でオリコン初登場五位というのは、快挙と言うほかない。

なぜならばマキシマム ザ ホルモンの音楽は、元来お茶の間にはそぐわないものだからだ。日本では「一般受けしにくい」アンダーグラウンドなロック音楽の典型、米欧のハードコア・パンク、ヘヴィメタル、オルタナティヴをこそ、彼らは深く研究しているからだ。だから歌詞はなにを歌っているかわからない。「聞き取れない」ではない。歌詞カードを見ながらですら「意味がわからない」ほどの、凝縮し変形させた日本語を、彼らは意図的に駆使する。それが日本では「デスヴォイス」と呼ばれる、「グロウリング」にて、低いダミ声で力いっぱいにがなるように歌われる。角が立った砂礫《されき》の暴風のようなディストーション・ギターのもとで……いくら人気アニメーションのテーマ曲に起用されたからといって、これがお茶の間に鳴り響き、しかも好まれたということは、歴史書に記しておくべきレベルの出来事だろう。「Jポップの時代」を終わらせた事件のひとつがこれだった、とのただし書きのもとで。

第80位

ゆらゆら帝国

ミーのカー

1999年

ゆらゆらと、ときにバーストする異界からの挨拶状

メジャー第二作にして通算五枚目、彼らにとって出世作となったのがこのアルバムだ。前作『3×3×3』を小山田圭吾が年間ベスト・アルバムに選んだことで、彼らへの注目は高まっていた。その期待に十分に応えることができた一枚がこれだ。タイトル・チューンを始め、「ズックにロック」「人間やめときな'99」など、人気曲も多く収録されている。

ゆらゆら帝国の音楽は、まず「サイケデリック」と評される。同時に「ストーナー・ロック」、つまり大麻吸引時の酩酊と同質の感覚を表現しようとするヘヴィ・ロックとも近い。要するに「ここにはいない」ということだ。日本のごく普通の日常という薄膜の向こう側に、いつも鼻先を突っ込んでいるかのような浮世離れしたロックの系譜、その正統の流れの中に彼らは位置している。日本で始祖となるバンドは、フラワー・トラベリン・バンド、裸のラリーズあたりだろうか。これとは別に、アンダーグラウンド・フォークの血脈を感じさせる詞も特徴的だった。三上寛、あるいは遠藤賢司の一部作品にも通じるその世界観は、本作なら「ボーンズ」で聴くことができる。作詞およびヴォーカル、ギターの坂本慎太郎は、海外においても一部でカリスマ的な人気を博している。

第81位

TOKYO No.1 SOUL SET

TRIPLE BARREL

1995年

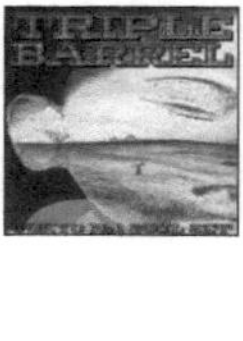

夏のジャムが黄昏《たそが》れてしまっても 三本束ねた矢は折れない

存在自体が一種の稀なる発明品であり、一見シンプルに見えながらも、その結合の様子の「肝心のところ」は、いかに余人が努力しようとも再現することはできない――という、あたかも理想的なロック・バンドのような構造をそなえたグループが彼らだ。とはいえ典型的な意味でのロック・バンドではない。ヒップホップ音楽が土台となっているが、ラップ・グループでもない。トーキング・スタイルで詞を詠むのはBIKKEで、トラック・メイキングは名高いDJでもある川辺ヒロシが担当。そして、ギターとヴォーカルで楽曲の中を自在に遊ぶのが渡辺俊美――この三人の「独特な」結合ぶりそのものが、彼らの独特な音楽スタイルそのものをも形成している。言うなればそれは、ヒップホップのグルーヴとサンプリング音楽の楽しさ、ロックのダイナミズムと詩心にあふれたポップ音楽だった。そんな彼らの初のアルバムが本作だ。「黄昏'95～太陽の季節」「Jive My Revolver」など人気曲も収録。この作品を発売したのが、Char率いる江戸屋レコードだったことは忘れられるべきではない。

渋谷系の時代のクラブ・サーキットから彼らは登場してきた。それはほかの場所には生まれ得ない、一種の突然変異ではなかったか。

第82位

ストリート・スライダーズ

Slider Joint

1983年

都市の片隅に根を張った人格と音が一体のロックンロール

東京西部の三多摩地区はロックンロール・バンドの聖地だ、というイメージを確定させたのは彼らだった（イメージの開祖は忌野清志郎だった）。ストリート・スライダーズは八〇年に結成、福生のクラブを拠点に、横田基地周辺のライヴ・サーキットで鍛えられ、幾度もの武道館公演を売り切るほどの人気バンドにまで上り詰めた。その彼らのデビュー・アルバムがこれだ。演奏も録音もまだ荒っぽいが、「Blow The Night!」「のら犬にさえなれない」といった人気曲も収録されている。

ローリング・ストーンズ・マナーに準拠しつつも、都会的なロックンロールを創出することに彼らは成功していた。のちに元・四人囃子、元プラスチックスの佐久間正英をプロデューサーとして招聘、大きく飛躍していくことになるのだが、この相性のよさにこそ彼らの才能の要諦があった。そのロックの感覚はアウトローのそれではなく、繊細なる常識人にこそ近かった。ときにインタヴュー時などに極端な無口となるギター&ヴォーカルのハリーこと村越弘明の佇まいが、その一端を象徴していた。そんな彼らが、なにも足さず、なにも引かずに作り上げた音楽に、人馬一体ならぬ「人生と一体となった」ロック生活の理想をファンは見た。

第83位

かせきさいだぁ≡ かせきさいだぁ≡

1995年

ラップを日本語の叙情詩たらしめた唯一無二のオリジナル・スタイル

一種の天才かもしれない。とにかく突出している。余人をもって代え難い性質の才能が、人なつっこく爽やかな新種のヒップホップ音楽として、すでにここで完成させられている。それが加藤丈文のアーティスト・ネーム「かせきさいだぁ≡」のデビュー・アルバムだった。

彼のラップ・スタイルはユニークきわまりない。英語のラップの方法を日本語でそのまま模倣しようとすると、不用意に脚韻を踏もうとして失敗したり、「不自然なリズム」に日本語が流されてしまったりする。彼はこの罠にはまらない。そしてより難度の高いトーキング・スタイルのポエトリー・リーディングに挑戦、それでものの見事に「ビートに乗って疾走していく」離れ業を実現してしまう。その象徴的な一曲が「冬へと走り出そう・再び」だ。マンガ『750ライダー』や佐野元春の歌詞の一部など、引用の万華鏡が回転していった果てに立ちのぼってくる叙情性など、彼の独壇場だ。このアイデア元は、はっぴいえんどだったと加藤は言う。彼らが「日本語のロック」の雛形を作ったように、「日本語らしいラップ」を加藤は模索した。そこから独自のスタイルが生まれた。翌年、本作は内容を一部変更したメジャー・デビュー作としてセルフ・リメイクされた。

第84位

東京

サニーデイ・サービス

1996年

日本のロック再発見から始まった あらかじめノスタルジックな青春譜

　メジャー第二作となる本作は、彼らにとって出世作となった一枚だ。前作『若者たち』で試みられていた路線が煮詰められ、圧倒的に高い精度のもとで結晶化させられている。ここから彼らは、人気バンドとしての道を歩き始めることになる。最大の武器は「架空のノスタルジー」だったか。自ら体験したこともない、六〇年代や七〇年代の空気を、執拗に再現しようとするかのような楽曲とサウンド・プロダクションだった。この時代、加藤丈文こと「かせきさいだぁ≡」らが嚆矢となって、はっぴいえんど周辺の日本のロックの再評価ブームが一部で巻き起こっていた。まさにそうした研究の成果を足場として、ヴォーカル、ギター、そしてソングライターの曽我部恵一は「はっぴいえんどのような音楽」を新たに一から創造しようと試みた。あたかもそれは、「ヴィンテージ・ウォッシュ」の加工がなされた、新品のジーンズを作ろうとするような行為だったかもしれない。そしてそれは一定の成功をおさめた。

　曽我部はある特定の層にとっての世代歌を九〇年代に量産した。数ならば小沢健二よりも上かもしれない。そして曽我部は紅白に出場しはしない。そのかわり、たとえば下北沢の街角に居続ける。青春の残響を背に受けながら。

第85位

バッファロー・ドーター
CAPTAIN VAPOUR ATHLETES

1996年

アイデアと匠の技が合致した独創の「オルタナティヴ」ロック

七〇年代前半の最前衛、つまりこの時代は「ヴィンテージ」だったモーグ・シンセサイザーをベースの大野由美子が駆使。ギターは、フィッシュマンズやコーネリアスの作品への客演でも知られる名手、シュガー吉永。ローランドのリズムマシーン、ＴＢ－３０３と同期した生演奏もおこなう。ＤＪの山本ムーグのスクラッチもある――という編成で、独自なアイデアの「オルタナティヴ」なロックを彼女たちは指向した。たとえばそれは、ドイツのクラウトロック、デトロイト・テクノやアシッド・ハウスといった、各時代の音楽の「プログレッシヴな」要素をハイブリッドしてみるという試みではなかったか。それができるだけの、彼女たちの高い見識と技量が海外からも注目された。

本作はアメリカのビースティ・ボーイズが率いるレコード・レーベル〈グランド・ロイヤル〉からリリースされた。日本のインディー・レーベル〈カーディナル〉から発売されていた二枚のＥＰを気に入った彼らが、それをアルバムへとまとめたものだ。このデビュー作を引っさげて、バンドはＵＳツアーをおこなう。ときあたかも、コーネリアスを始めとする日本人アーティストが、次から次へと世界進出していく、そんな時代の只中だった。

第86位

PUFFY
JET CD

1998年

米英の女児を熱狂させた輸出仕様の「カワイイ」第一号

「娘がファンなんだよ」と異口同音にみんなが言った。二十一世紀初頭、来日した米英ミュージシャンの多くが、子供へのお土産にPUFFYのCDやグッズを購入していった。アメリカのカートゥーン・ネットワークでアニメーション番組の主演キャラクターとなったせいで、彼女たちの人気は、とくに米英の小学校低学年女児のあいだで圧倒的だった。九六年、奥田民生プロデュースのデビュー曲「アジアの純真」の大ヒットからPUFFYの歩みはスタートする。そしてセカンド・アルバムである本作は、日本のみならず台湾や香港でもヒット。彼女たちが海外へと雄飛していく契機ともなった。

こうしたPUFFYの海外での成功は、九〇年代に少年ナイフが自力で切り開いていった路線を踏襲するところから始まった。若い日本女性による「かわいくてカラフルな」手作り調のロック、としてアピールをおこなったところ、アメリカにおいて「大化けして」しまったというわけだ。そしてPUFFYのこの成功を隔世で模倣するかのような戦略が、なぜか二〇一〇年代の日本で顕在化していく。「クールジャパン」の名のもとでの原宿ファッションの奇矯なる解釈のアピール、および、きゃりーぱみゅぱみゅの海外進出などの一連の動きがそれだ。

第87位

SUPERCAR

HIGHVISION

2002年

エレクトロニカの濃霧に包まれたミレニアムの若者たち

青森出身のギター・ロック・バンドがエレクトロニカに接近、ひとつの達成を見ることになった、四枚目のアルバムがこれだ。

電子楽器やコンピュータを多用しながら、踊るためではなく、リスニング用のポップ音楽としてまとめ上げる手法を指す用語が「エレクトロニカ」で、それはこのころ猛威をふるっていた。インディー・ロック系のギター・バンドがそこに吸引されていく例は洋の東西を問わず、イギリスならばレディオヘッド、そして日本ならば『ファンタズマ』（九七年）以降のコーネリアスの動き、なかでも彼のリミックス・ワークにおけるミニマル音楽的アプローチは多くの後進に道を開いた。本作のプロデューサーはコーネリアスとも関係が深い、元・電気グルーヴの砂原良徳。センチメンタルでドラマチックな、SUPERCARの楽曲が元来持っていた、青春歌謡ロック的な要素を、茫漠たる電子音の濃霧ですっぽりと包んでいくかのようなプロダクションが的を射た。ミレニアムが切り替わる前後の時代の気分と一致した。その成果のひとつが、映画『ピンポン』（〇二年）のテーマ曲に起用された「YUMEGIWA LAST BOY」だった。この曲のヒットにより、一躍彼らは注目を集めることになる。

第88位

ミッシェル・ガン・エレファント

High Time

1996年

生《き》一《いっ》本《ぽん》のソリッド・ロック
ブレイク直前の灼けつく一作

彼らは日本のロック・バンドとして、特筆すべき壮挙を成し遂げた。九八年の横浜アリーナ、オール・スタンディングでのコンサートの成功がそれだ。「ロックに似た日本風の音楽」のバンドならまだしも、きわめて「狭義の」ロックを、純血種にして一本気なロックンロールをプレイするバンドが、こんなことを実現できた例はそれまでになかった。

本作は彼らがそんなブレイクを達成する直前に発表したセカンド・アルバム。イギリス発祥の「パブ・ロック」と呼ばれたスタイルの一部——古いブルースやＲ＆Ｂ、ロックンロールを、縦に細かく刻んでいくかのようなビートで解釈したソリッドなロックを提示し、七〇年代後半のパンク・ロック爆発への導火線となった——これの忠実なる習得が彼らの基盤にはあった。その上に、身を震わせながら吠え立てているかのような、チバユウスケのヴォーカルがあった。本作の「リリィ」「キャンディ・ハウス」で見られるような彼の絶唱、そして刃物のごときギター・サウンドが成功を呼び込んだ。本作のあと、ＴＶ番組のテーマ・ソングとして起用された「バードメン」（九七年）にて、彼らはそのむせかえるような熱気とぎらつく視線を、広く世間に知らしめていくことになる。

第89位

藤原ヒロシ

NOTHING MUCH BETTER TO DO

1994年

極上の審美眼が選んで編んだ 決して晴れない曇天のための音楽

裏原宿のカリスマ、と人は彼を呼んだ。しかし流行の先導者として広く知られた彼のオリジンはクラブDJだった。しかも「ロンドン系」の、きわめて優秀な人物だったことを多くのリスナーに思い出させた、単独名義での初のアルバムがこれだ。しっとりと落ち着いた、ソウルの感覚あふれるメランコリックな音楽が、彼のプロデュースのもと、アコースティックな触感で組み立てられている。人力トリップホップと言えなくもない曲もある。参加ミュージシャンはダブ・マスター・Xこと宮崎泉、朝本浩文といった盟友や、アメリカからはシスター・スレッジのキャシーが参加。そしてイギリスからはスペシャルズのテリー・ホールを招聘。彼のヴォーカルをフィーチャーした「Getting Over You」が聴きどころとなっている。

日本人で初めてスクラッチをしてみせたDJが藤原ヒロシだった、という説がある。八〇年代半ばには、高木完とともにヒップホップ・ユニット、タイニー・パンクスとして活躍した。つねにストリートから音楽の現場を見つづけてきた彼ならではの音楽がここにある。あたかもそれはアンティークの家具のような、高級感の奥のどこかに血の匂いが染みついた、遠い過去のロンドンにあったような音楽だった。

第90位

PRETTY RADIATION

ニューエスト・モデル

1988年

格言パンクか、説教強盗ロックか たしかにあった「最新型」の設計図

彼らの二枚目のこのアルバムはロック・ファンの一部を震撼させた。九〇年代のロックはここから始まる、と声高に力説する者すらいた。ほぼ手作りに近いインディー盤に、それほどまでのアイデアの片鱗が刻み込まれていた。

六〇年代イギリスのビート・バンドの影響のもと、ハモンド・オルガンを効果的に生かした、エネルギッシュなパンク・ロックを彼らは演奏していた。特筆すべきがその「歌」だ。日めくり格言集のごとく意味が凝縮されたその歌詞を「格言パンク」と評する声もあった。それを伝える中川敬のヴォーカルは、アジ演説か説教強盗か。イギリスのパンク・バンド、クラッシュのジョー・ストラマーはそのヴォーカルを「回転する電気ドリルか吠え立てるトドか」と評されたことがある。さしずめその日本版が中川だったかもしれない。冒頭の「エンプティ・ノーション」一曲で吹っ飛ばされた者は多い。

その後、彼らは音楽性をより多様化させていく。いわゆるワールド・ミュージックから、日本古来の土着の大衆音楽にも傾倒していく。そしてレーベル・メイトだったバンド、メスカリン・ドライヴと合体し、ソウル・フラワー・ユニオンを結成。社会問題にも積極的に取り組むバンドとして活動していくことになる。

第91位

ハイ・スタンダード

ANGRY FIST

1997年

スポーツのようにロックする知性よりも反射神経重視のパンク

日本のパンク・ロックの歴史は彼らによって書き換えられた。このアルバムはオリコン四位まで上昇。英語詞でこの成績は驚異だ。なおかつ、彼らの英語の能力には難があった。詞そのものも発音も、なにを言っているのかよくわからなかった。しかし海外で売れた。本作は世界で計五〇万枚超との説もある。九〇年代に一世を風靡した「メロコア」という現象のせいだ。

メロディックなハードコアの略称が「メロコア」で、アメリカのパンク・ロックのサブジャンルとして、この時代に猛威をふるっていた。米西海岸出身のＮＯＦＸなどが代表的なバンドで、要するにこれはスポーツのような明るいパンク・ロックだった。実際にスケートボードやスノーボードなど、エクストリーム・スポーツの人気拡大とシンクロして急成長していったジャンルがこれで、それを日本に移入した第一人者がハイ・スタンダードだった。彼らの出世作がこのセカンド・フル・アルバムだった。

この同じ年、彼らは自らと同傾向のバンドを集めたロック・コンサート〈ＡＩＲ　ＪＡＭ〉を初めて開催。このイベントも大成功をおさめ、シリーズ化していく。この熱気の渦中《かちゅう》から、たとえばマキシマム ザ ホルモンなど、次世代のバンドが出て来ることになる。

第92位

氣志團
1/6 Lonely Night
2002年

ヤンク・ロックの夜明けを告げる演劇性「族」流文化のハイブリッド

　フリッパーズ・ギターの遺志を継ぐ者を日本のロック音楽シーンに探すとしたら、その第一人者がこの氣志團を率いる綾小路翔だ。多量にして多彩な大衆文化の事物の引用や再編によってバンドの音楽性からコンセプトをも織り上げていく、という方法論をここまで自在に駆使した人物は、まさにフリッパーズ以来だった。それを小劇団的な方向に振り、「笑い」と「親しみやすさ」を前面に出したところに勝機があった。彼らのインディーズ時代の勢いを、そのままメジャー盤にまで持ち込んで成功したのが、デビュー・フル・アルバムとなる本作だ。

　氣志團の音楽性の核心には、八〇年代のイギリスのハードコア・パンク、あるいはそれらと同系統の日本のバンドの影響がある。しかしそれが「そのまま」表面化することはない。最終的な落としどころは、日本のマンガにおける「ヤンキー」像であり、同様の像を描き出そうとしていた八〇年代の歌謡曲や歌謡曲的なロックだった。これはまるで、ロックンロール・リバイバルの先駆けとなったアメリカのバンド、シャ・ナ・ナのようなわかりやすさだった。ここから彼らは「ヤンク・ロック（＝ヤンキーとパンク・ロックを足した造語）」と自称するジャンルを広く布教していくことになる。

第93位

GREAT3
METAL LUNCHBOX

1996年

シティ・ボーイ三人組による ポップとロックの折中御膳

九〇年代前半、アメリカン・ルーツを咀嚼《そしゃく》した音楽性のユニークさで注目を集めていたバンド、ロッテンハッツがふたつに分裂した際に、ヴォーカル、ギターの片寄明人が、ベースの高桑圭、ドラムの白根賢一とともに結成したバンドがこのGREAT3だ。残りの三人が結成したヒックスヴィルとともに、この三つのバンドはそれぞれが高く評価され、一部で重複する熱心なファンをも獲得した。あたかもその様子は、アメリカのバーズやバッファロー・スプリングフィールドからCSN&Yへと流れる系譜の再現を見るかのようでもあった。

本作はGREAT3のセカンド・アルバムにして出世作となった一枚。片寄明人は群雄割拠する「渋谷系」の時代においてさえ、レコード知識の豊富さで名高かった人物だ。その彼の博覧強記ぶりと、東京のモッズ・シーンにかかわっていた「都市の少年」の感覚の重なりが、シティ・ポップとロックンロールの融合を実現させていったのがこのアルバムだった。たとえばそれは、六〇年代のソフト・ロックとオルタナティヴの時代のギター・サウンドとの、絶妙のさじ加減による合一でもあった。本作収録の「DISCOMAN」「STAR TOURS」に、その最高値とも言える達成があった。

第94位

ナンバーガール

シブヤROCKTRANSFORMED状態

1999年

ロックの野武士か世紀末の志士か 首都を震撼させた灼熱のライヴ盤

たとえばアメリカのピクシーズのように、パンクから九〇年代のオルタナティヴに至るギター・オリエンテッドでエキサイティングなロック音楽の体系を独自に定義した上で、それを再提示することに成功したバンドが、このナンバーガールだった。九五年に福岡で結成、インディー・リリースした第一作が大きな反響を呼び、鳴り物入りでメジャーへ。通算第二作にしてメジャー・デビュー作となる『School Girl Distortional Addict』を発表した三ヵ月後に渋谷クラブ・クアトロにて開催されたライヴ・コンサートを収録したものがこれだ。本作のタイトルどおり、鋼鉄の熱風吹き荒れる、と評すべき好演の数々をここに聴くことができる。彼らはまずなによりも、こうしたライヴでの真剣勝負にてその名を高めていった。初期の代表曲「透明少女」、「OMOIDE IN MY HEAD」も演奏されている。

ヴォーカル、ギターおよびソングライターの向井秀徳のバンカラな書生のような佇まいは後進に影響を与えた。アンチ・ファッションを自己目的化したかのような、メガネをかけたロッカーの大量発生をもたらした。ギターの田渕ひさ子も多くのフォロワーを生み出した。そんな名バンドの名演に親しむなら、まずこれだ。

第95位

ミスター・チルドレン

Atomic Heart

1994年

「Jポップ」の時代を招来させたモンスター・ヒット作

シングル「innocent world」とともに本作はミリオン・ヒットを達成。彼らはこのあと、特大のセールスを記録するバンドとして安定軌道に乗る。人生を肯定する情緒的な応援歌を作る職人として、彼らがその能力を開花させたことを告げる第四作だ。

初期の彼らは職人ではなかった。八〇年代末期、世を席巻していたビート・パンクの暴風雨の陰で、ポップなロック音楽を好むバンドが集う小規模なイベント「Turn To The Pop」の中に彼らの姿はあった。これは雑誌〈SWITCH〉が主宰するレーベルが開催していた。この前歴が、ヴォーカリストでソングライターの桜井和寿の発声と歌唱法にエルヴィス・コステロの影が色濃いことの理由を物語っている。桜井は本作発表後のシングル「シーソーゲーム」では、曲想はもちろん、ヴィデオ・クリップの中では自身の外見までコステロに似せてみることで、オリジンへの敬意を表していた。

そうした部分ではなく、「職人」としての彼らの姿をこそ模倣する者が続出した。それらはロック・バンドのような編成で「ロックのオリジン」からの係累が断絶している音楽をこそ、こぞって制作した。これが「Jポップ」と呼ばれるものの大きな一角を成すことになった。

第96位

奥田民生

股旅

1998年

九〇年代に蘇生させた復古調の日本語ポップ

彼のソロ作品の中でも、とくに人気が高い一枚が、フルレングスとしては三枚目のこのアルバムだ。アルバムのテーマを「旅」としたことで、彼の楽曲の中にあったロマンチシズムがより明瞭に前面に出てくることになった。これがわかりやすさにつながった。「恋のかけら」、「さすらい」といった人気ナンバーも収録されているほか、シングルで発表された「イージュー★ライダー」のブルージーなアルバム・ヴァージョンも収録されている。

九〇年代の奥田民生は大活躍だった。彼が在籍したバンド、ユニコーンが九三年に解散したあとでソロに転向するのだが、九四年のデビュー作「愛のために」がいきなりミリオン・ヒットとなる。また同時にPUFFYのプロデュースを手掛け、これも大成功をおさめる。そして彼女たちのデビュー曲を作曲した井上陽水とともに、ユニット「井上陽水奥田民生」を結成、アルバムを制作——したのちに、本作の発表ということになる。まさに大車輪だった。

彼の功績とは、「Jポップ」の時代に、復古調とも言える日本語の歌を蘇生させたことだ。それは陽水らが七〇年代に確立した「ニューミュージック」のアップデート版だったことが、このアルバムあたりから明確になってくる。

第97位

スピッツ

スピッツ

1991年

現代詩の言葉で描いた 脆くも青く輝いていた春のあの日

いいバンドだねえ、と、みんなが言った。そして同時に「でも、売れるわけがないよね」とも言われた――これが、初期の彼らに対する支持層からの標準的な意見だった。同じ時代に近い立場だったバンドにフィッシュマンズがいるのだが、まだ彼らのほうが、上り調子であるかのようにすら、思われていた。それほどまでにスピッツは地味だった。しかしそれは、魅力的な地味さだった。そんな彼らの姿を堪能することができる、メジャー・デビュー作がこれだ。デビュー・シングルであり、この時点での彼らの代表曲だった「ヒバリのこころ」、それから「ニノウデの世界」「夏の魔物」といった人気曲も収録されている。八〇年代イギリスのインディー・ギター・バンド直系のアレンジの中で、草野マサムネのまっすぐなヴォーカルが映えていた。彼の手による、たとえば詩人・石垣りんの諸作のような、現代詩の手触りのある歌詞も、一部で高く評価されていた。

本作にあった美点は徐々に彼らの作品から消えていく。そして大ヒットとなった五枚目のアルバム『空の飛び方』あたりから、ミスター・チルドレンもかくや、という「Jポップ」の職人に彼らもなっていく。それは変節だったのか、それとも成長だったのか。

第98位

くるり

TEAM ROCK

2001年

躍進の契機となった「電子化」導入の一枚

くるりの岸田繁もナンバーガールの向井秀徳同様、メガネのロッカーを増殖させた。おそらくはセル・フレームのそれを。京都出身の彼らは、同地の文系学生が傾倒していくロックやポップ音楽のひとつの典型例をも作り上げてしまった、と言っても過言ではない。サード・アルバムとなる本作は、彼らが大きく飛躍した一枚だ。ここでの彼らは、初めて電子楽器を前面にフィーチャー、「エレクトロニカ」に挑戦している。よりリズムが強調された、ハウス的な楽曲すらある。前者の成功例が、彼らの代表曲のひとつともなった「ワンダーフォーゲル」。後者が「Ｃ'ｍｏｎ Ｃ'ｍｏｎ」だろうか。とくにこちらは、前年に発表されたフランスのダフト・パンクの大ヒット曲「ワン・モア・タイム」によく似ていた。この曲が世界のダンス音楽はもちろん、ダフト・パンクのありかたをも変えていったように、くるりが導入したこのアイデアも、彼ら自身を変革していった。

反作用と言えばいいのか、本作にてエレクトロニカやハウスの要素を「導入されなかった」ナンバーのことごとくが、骨太なロックンロールとして充実しているのだ。従来の何割か増しで柄が大きくなったこのバンド・サウンドが、その後の彼らの歩みに大きく貢献していく。

第99位

宇多田ヒカル

ファースト・ラヴ

1999年

史上最大の売り上げを記録した孤独なるR&B怨歌

出荷ベースではあるものの、デビュー・アルバムのフィジカル・コピーが九〇〇万枚以上、という記録は、未来永劫打ち破られることはないだろう。CDが無尽蔵に売れ続けるかのように錯覚されてもいた、九〇年代の末尾にこそ相応しい超特大のヒット作がこれだった。

　といっても、内容的にはさして見るべき点はない。垢抜けない和風のR&Bもどきが並んでいるだけの一枚、と言えばいいか。ただひとつ、ここに「Automatic」が入っていることを除けば――これは、とてつもない歌だ。

十代の恋愛を素朴な言葉で描きながら、そのストーリーのどこにも「救いがない」。全方位的なメランコリーが、そのまま宙に投げ出される、というこの状態。これが、R&B怨歌とでも呼ぶべき、切々としたトーンで語られて、そして「ただそれだけ」ですとんと終わる……これはたとえば、フィッシュマンズの佐藤伸治が追いつめていった「平坦な日常」の臨界点の向こう側に、最初からあるような凄絶の歌だった。この地上に日本語を解する人がいるかぎり、決して忘れられることはない名曲だろう。

　しかし、これに匹敵するだけの一曲が作られることは、このアルバムのあともなかった。そして二〇一〇年に彼女は音楽活動を休止する。

第100位

GAME

Perfume

2008年

快楽の彼岸のみをただ目指して彼女たちはアンドロイドになった

二〇〇〇年代を代表する、これは「製品」と呼ぶべき一枚だろう。彼女たちのデビュー作は、中田ヤスタカのプロデュースのもと、膨大な量のアイデアが詰め込まれた一枚となっている。ありとあらゆる日本の文化的消費財から、ある条件に沿って抽出されたアイデアが。

まずはアイドルなのだろう。性的な暗喩で満艦飾となっている、それ以外は没個性的な女性像が、決められた振り付けで観衆を興奮へと導き、欲望に奉仕していく、という図式は、北朝鮮の喜び組と俗称されるもののありかたと似ている。ゆえに音楽はアップリフティングでなければならないのだが、そこに日本特産の「テクノポップ」が使用されたことで、ドイツのクラフトワークが提唱した「マン・マシーン」理論のセクサロイド版とでも言うべき事態ともなっている。女性シンガーのプロデュースという点では、奥田民生や小西康陽の方法論の影響もあるかもしれない。ともあれ、それらの多様な要素は「日本人だったらわかるよね」という一点にのみ収斂していく。彼女たちの音楽および存在は、厳密なるルールがあるゲームの一部だ。そこに参加する快楽は、麻薬的ではないのかもしれないが、純度が高すぎる白砂糖的ではあるかもしれない。だから大きなヒットとなった。

第二部　米英のロックと比較し検証した日本のロック全歴史

一八五三年の黒船来航から一九六〇年末まで～日本のロック前史

第一章　GSはなぜ歌謡曲となったのか

最初の「大失敗」

日本のロックの歴史は一九七〇年に始まった。意外に思う人もいるかもしれない。なぜならば、一九五〇年代半ば、アメリカで広く認知されたロックンロール音楽は、ほぼリアルタイムで日本にも輸入されていたし、そのときどきの「和製」の翻訳歌の中には、国内では大きなヒットとなったものもあったからだ。

だがしかし、そのほとんどすべては失敗していた。外形はどうあれ、まずもって、ロック音楽としての内容はともなっていなかった。このことの次第について、本項では解説と分析を進めてみたい。

その失敗の性質をひとことで言うと、「なにもかも、歌謡曲になってしまった」からだ。わざわざ輸入してきたロック音楽のことごとくを「研究して理解する」よりも前に、手にしたらすぐに、「なにはなくとも、土着化を」進めていったのが当時の日本人だった。それが「歌謡曲化」するということの意味だ。だからロックンロール本来の輝きを取り込むことに失敗した。音楽の核心にある精神性や、その背後の広大なるフロンティアの存在には、一切気づくことはなかった。

と言っても、「日本の音楽業界の側」からすると、とくに問題となることではなかった。失敗したなどとんでもない、これこそが成功だった、とするのが、日本の歌謡曲業界に寄り添った歴史観というものだろう。実際、当時盛んに制作された、オリジナル曲の歌詞を「翻訳」したり、あるいは「翻案」したりした上で再演された、アメリカン・ポップスを焼き直した、快活なる日本語の歌の一群こそが、戦後の歌謡曲の原型のひとつともなった。ある種の「和魂洋才」だった。だから日本では「芸能界」と呼ばれる業界ですら、ここから始まった。「五〇年代の時点でのロックを換骨奪胎して人畜無害化したもの」こそが、戦後の日本の音楽産業の原点となった、とも言える。

たとえば、五八年に「日劇ウェスタンカーニバル」の第一回を開催し、「日本で言うところの」ロカビリー人気の沸騰を牽引していった渡辺プロが、六〇年代以降の日本芸能界のメイン・プレイヤーとなっていったことなど、その最たる例だろう。そしてまた、そうやって構築されていった日本の芸能界の中のどこにも、七〇年代以降に勃興してくる「米英のロックと同じ意味で『ロックらしい』日本のロック音楽」の居場所がなかったことと、これは意味としてつながっている。

五〇年代いっぱい日本の音楽産業界はこんな調子であり、そしてそれは、六〇年代の末になるまで基本的になにも変わらなかった。かくして、ふたつのディケイドにまたがったこの時代、日本にはロック音楽は「ないも同然」だった。

かまやつひろしの述懐

こうした状況を当時身をもって体験していた音楽家の声をあたってみよう。かまやつひろしは、自伝的著作『ムッシュ!』（ムッシュかまやつ著・日経BP、二〇〇二年）の中で、印象的な一文で六〇年代を振り返っている。告発と言ってもいい筆致だった。

それは六六年の六月の話題から始まる。つまり、ビートルズの来日公演だ。当時かまやつひろしが所属していたバンド、スパイダースは、このときビートルズの武道館コンサートの前座として、出演のオファーを受ける。しかしメンバー全員で話し合ったあげくに、出演を断る。「ぼくらはしょせん彼らのコピーをしていたグループだったし、比べられて損をする恐れもあり得る」といったことなど、冷静かつまっとうな判断から、彼らはビートルズを「客席から観る」ことのほうを選ぶ。そしてかまやつは、「前座を引き受けた」多くの出演者たち（ブルー・コメッツ、内田裕也、尾藤イサオ、桜井五郎、望月浩、ブルー・ジーンズ、ドリフターズなど）のライヴを観客席から鑑賞しつつ、そのときこんなふうに思ったのだ、と同書の中で述懐する。

「ビートルズをはじめとするイギリスのビート・グループが起こしたムーブメントに対するとらえ方が、日本の芸能界、音楽界は甘かったのだと思う。〝カウンターカルチャー〟などという言葉はまだ生まれていなかったが、日本の芸能界の対応を見ながら、『そうじゃないんだ』といつも心のなかでつぶやいていた。

音楽に対する姿勢とか考え方が、根本的に違っていたのだ。欧米の音楽の考え方が日本に浸透していったのは、七〇年代に入ってからだ。いま思うと、一部の人間を除いて、六〇年代の日本の音楽界は、その点、すごくプリミティブだった。おそらく、六九年のウッドストック・フェスティバルあたりからだろう、ただの風俗のように思われていたヒッピー・ムーブメントにも、それなりの意味があるというようなことに、みんなが気づき始めたのは。若い人たちはもっと早くから肌で感じていたのかもしれないが」

こんなふうにして日本の音楽産業界は「ロックンロールにとって決定的に重要だった」六〇年代の大激変を、なんと「そのまんまやり過ごして」しまう。間近で見ていたにもかかわらず、おそらくは「なんだかよくわからなかった」というぐらいの理由で。リスナーとしては、それをほぼリアルタイムで享受することも可能だったにもかかわらず、

「自分たちにとってのロック」を作り上げていくことには、失敗をしてしまう。

つまり日本のロックの誕生前史とは、「目の前に米英のロックがあったにもかかわらず、むざむざそれを取り逃がしてしまった」という、大失態の顚末記でもある。あるいは「いつになっても変わらず繰り返される」、ほとんど日本病とでも言うべき、そう、のちには「ガラパゴス」とも呼ばれる疾病の、その初期症状の最たるもののひとつだった、のかもしれない。

それでは、五〇年代、六〇年代の「日本の失敗」の詳細を検証していくにあたって、まずは最初に、本家本元のアメリカでいかにしてロックンロールは「誕生」したのかを——できるかぎり簡潔に——振り返ってみたい。

黒人の音楽を白人の若者に

アメリカ版の〈ローリング・ストーン〉が認定する最初のロックンロール・レコードは、五四年に発表されたエルヴィス・プレスリーのシングル「ザッツ・オール・ライト」だ。もちろんこれには諸説ある。だから僕は、〈ローリング・ストーン〉の主張を、こう言い直してみたい。

「『ある特定の音楽』をロックンロールと呼ぶことが始まってから作られたものの中で、

どこからどう見ても『ロックンロールとしか言いようのない』最初のレコード」――それこそが、「ザッツ・オール・ライト」だったのだ、と。

また同時にこの曲は、言うまでもなく、「ロカビリー」という明確きわまりない音楽スタイルの誕生を告げる一枚でもあった。その大発明が「ここにあるんだぞ！」と高らかに宣言するかのような一曲だった。つまり「ザッツ・オール・ライト」とは、狭義では「ロカビリーの第一号」であり、広義では「ロックンロールとはどういうものなのか」を最初に指し示した曲だったと言える。ここから砕いていこう。

まず、ある特定の音楽を「ロックンロール」と呼ぶことを始めたのは、オハイオ州クリーブランドのラジオＤＪ、アラン・フリードだ。彼が五一年に始めた自分の番組で、その言葉を使い始めた。「ある特定の音楽」とは、当時、レコード会社やラジオ局からは、おもに「レイス（Race＝人種）」音楽と呼ばれているものだった。黒人が作って、黒人が聴くもの、という意味で、当時の社会状況の下で「レイス」と区分されていたものだ。ここには今日で言うブルース、ゴスペル、ジャズ、そのほか黒人音楽のあらゆるものが含まれていた。だから「リズム・アンド・ブルース（R&B）」もあった。シャッフル・ビートが強力な「ジャンプ・ブルース」もあった。すべては「踊れる」音楽であり、その躍動感たるや、「明らかに」未来の鉱脈へとつながっている、要するに「カネになる」と確信できる音楽でもあった。ゆえに「いまのところ、ほとんど黒人しか聴いていない」その音楽を、「白人にも聴かせればいい」というアイデアがそこに生まれる。折しも五〇年代はティーンエイジャー市場が認知され始めた時代、「だったら、白人の若い奴ら」に「黒人音楽を聴かせればいい＝カネを払わせればいい」としてアイデアは絞り込まれていく。そこには「新しい名称」が必要だった。「レイス」なんてひどい名称では、流行るものも流行らない。もっと気が利いたものさえあれば——というところで出てきた、「とってつけたような」名前こそが、アラン・フリードが考えた「ロックンロール」というひとことだった。

と言っても、この言葉自体は彼が考え出したものではない。「ロック」も「ロール」も、「実際の動き」と「そうなるような気分」の両方を表すための言葉として、アメリカでは少なくとも十九世紀から使われているものだった。これを「音楽のジャンル用語」として使用することを考えついたのが彼だった。ここで重要なのは、この言葉は当初、黒人ミュージシャンが演奏する音楽をおもに指す言葉だった、ということだ。黒人が演奏するR&Bやブルースの中でもとくにノリがよく、白人が好みそうなものを指して「これがロックンロールだ」と、まずアランは言った。ここまでが第一幕だ。

エルヴィスの成功

第二幕は、同じアイデアへの、違う方向からのアプローチから生まれた。「黒人のように歌える白人の歌手」がいて、そいつに「新しい歌」を吹き込ませれば、もっと儲かるのではないか?……このアプローチに心血を注ぐ者は少なくはなかった。そのひとりが、テネシー州メンフィスにてサン・スタジオを経営していたレコード・プロデューサー、サム・フィリップスだった。彼の目論見が——当たり前だが、想像が出来るわけもない、とてつもない水準で——成功してしまったのが、前述のエルヴィスのデビュー作、および、サン・レコードに残した彼の名演の数々だった。

エルヴィスの成功の要因は、まずなんと言っても、彼の歌が「誰よりも『黒っぽかった』」からだ。彼の「ザッツ・オール・ライト」をラジオで初めて聴いたとき、「黒人が歌っているに違いない」と多くの人が思った、という有名な話がある(この曲はブルース・シンガーのアーサー・クリューダップが四六年に発表したナンバーのカヴァーでもあった)。そして彼のこのすさまじくショッキングで「新しい」音楽は、「ロックンロール」と「ヒルビリー」をくっつけた造語「ロカビリー」という名で呼ばれることになった。つまりこの時点での「ロックンロール(黒人の音楽)」と、白人の音楽だった「ヒルビリー」の融合だった、ということだ。

ヒルビリー（Hillbilly）とは「田舎者」といったほどの意味の言葉だ。これをジャンル名として冠したその音楽は、四〇年代の終わりごろから「カントリー&ウェスタン」と呼ばれ、さらには「カントリー」と略称で呼ばれるようになっていく。これが最初に世に広く認知された二〇年代につけられた呼び名が「ヒルビリー」だった。「ヒルビリー」の源流は、アパラチア山脈の南部に起源を持つフォーク・ソングにあった。その地域には、かつて数多くのアイルランド、スコットランド系移民の農民が住んでいた。彼らが父祖の地からアメリカに持ち込んできたその音楽のさらなる起源は、十六世紀、エリザベス一世の時代のバラッド形式の俗謡にあった。そこからの系譜に、他方からアメリカ大陸にやってきた様々な人々の影響が加わっていく。当然にして、黒人社会の音楽からも幾度となく影響は受け、ヒルビリー音楽は、時代に合わせて変化したサブジャンルをいくつも生む。たとえばロカビリー出現の直前、四〇年代から五〇年代にかけては「ヒルビリー・バップ」というスタイルが流行していた。それを土台にして「ロカビリー」の大爆発は起こった。

逆に言うと、かなりの段階まで成熟していたはずの音楽スタイルを、「爆発」させて新種のそれに改変してしまうほど、エルヴィスの歌唱法の革新性は「けた外れ」のものだったというわけだ。彼のヴォーカルの「黒っぽさ」は——ヒルビリー音楽の常識からするとと——傑出していた。エルヴィスのたとえば「ミステリー・トレイン」（五五年）と、ヒルビリー・バップの名曲、たとえばデルモア・ブラザーズの「フレイト・トレイン・ブギ」(四六年)や、ムーン・マリカンの「チェロキー・ブギ」(五一年)あたりを聴き比べてみれば、その「黒っぽさ」の差は歴然だ。そして「エルヴィスの歌にここまでの黒さがあった」ことが、広大なるポピュラー音楽の全域をも激震させることになっていく。

人工的に作り出された音楽

こんなふうに言い換えることもできるだろう。エルヴィス・プレスリーの革命性とは、「不自然さ」につきるのだ、と。白人の彼が「黒人のように」歌う、ということ。そして「それを導入するのだ」という、ロカビリー発明に至るサム・フィリップスの意志——どこか、フランケンシュタイン博士と、彼の人造人間との関係を思い起こさせはしないだろうか。言うなれば、神が定めた自然の摂理に「人の知恵と情熱でもって」挑みかかり、根本原理の法則そのものを「改変」してしまおうとするかのような、きわめて「人工的な」音楽こそがロカビリーだった、ということだ。そしてそこから生じた、まさに「ロカビリー・ショック」が、呼称と概念だけが先行していた「ロックンロール」に、初めて、「内実」となるべきものを与えることに成功する。

つまりロックンロールとは、その出自からして、きわめて「人工的」な音楽だった、ということだ。「民衆のあいだで自然発生的に」、あるいは「ミュージシャンどうしが切磋琢磨するセッション・ワークから派生して」生まれてきたものでは、ぜんぜんない。その固有の特徴が、ロックンロールをいかにも二十世紀らしい音楽にした。戦後の資本主義社会はアメリカにおいてすらまだ始まったばかりで、明らかなる発展途上にあった。だから、非効率的と言うしかない、いくつもの障害や障壁がまだたくさんあった。そして幾人か、それを実力で突破できるだけの能力を持った者がいた——彼らの思惑が重なり合って、あくまでも「能動的意志によって」いちから形づくられていったものこそが、ロックンロール音楽だった。

こう言うこともできる。まさに「理想」としか言いようがない抽象概念を掲げて、いつの日にかそれを「現実」とすべく、毎日をその実現に向けての地道な努力の過程とする、という考え方がアメリカ人は得意だ。これは、「理想」を記したアメリカ独立宣言と、その重要な内容であった「民主主義」を実現していくための過程が、アメリカの歴史そのものであることとまったく同じだ。民主主義は、いまだ完璧には達成されてはいない。しかし「そこに向かって進んでいく」ことこそがアメリカ合衆国のアイデンティティだ。国家が存在する限りその理念は存続するし、ゆえに「前進」は止まることがあってはならない。こうした、いかにも革命国家らしいイデオロギーのありかたと、「ロックンロール」という抽象概念とは、とてもよく似ている。五〇年代において、まずは文化的・商業音楽的な意味で、「実現せねばならない理想」と呼ぶに相応しい感覚や理念を結晶化させた一語こそが「ロックンロール」だった、ということだ。

こうして、アラン・フリードの「命名」における第一幕、そしてエルヴィスの第二幕が合わさって、前代未聞のロックンロール音楽大ブームが、まずはアメリカ全土のティーンエイジャーを熱狂させていくことになる。それが「五〇年代の半ばに起きたこと」だった。

最後に「第一幕」のほうからも特筆すべき人物を挙げておかねばならない。つまり「白人ティーンエイジャーに向けた」ロックンロール音楽を送り出した黒人ミュージシャンから、その頂点に君臨した人物を紹介しないわけにはいかない。チャック・ベリーだ。

チャック・ベリーもまた、傑出した才能を持つ人物だった。シンガー、パフォーマーとしてのエルヴィスが「神がかって」いたとしたら、チャックは（ヴォーカルも悪くはないのだが）なによりもそのギター・プレイとソングライティングの能力が、エルヴィスのそれに相当するものだった。前科持ち（強盗など）で、すでに妻子持ちでもあった三十前のブルース・ギタリスト兼シンガーの彼が、驚異的な観察力でもって十代の少年少女たちの生活の高揚と鬱屈を描きだす、という、つまりは「人工的な手順」によって創造した「ノベルティ」ソングの数々が、大ヒットとなった。たとえばそれはこんな具合だった。

彼がたまたま目についたヘアクリームの瓶に書いてあったブランド名をタイトルに、ティーンの失恋と、キャディラック・デビルとぽんこつのフォードV8との邂逅《かいこう》と一瞬のロードレースとオーヴァーヒートを、たった二分ほどの楽曲の中で描破しきってしまった「メイベリーン」（五五年）は、世界中の若者の脳髄の奥にある「鍵穴」のどこかをかちりと回すことに成功した。この曲の骨格そのものは、作者不詳のカントリーのトラディショナル名曲「アイダ・レッド」が下敷きとなっていた。ベリーはその上に、神話的な響きすらするオリジナルな歌詞世界を構築した。しかもまるで一筆書きのように、「一度聴いたら忘れられない」煌《きら》めきに満ちたシンプルな言葉群の連射で——チャック・ベリーのデビュー曲であり、最初のヒット（全米五位）でもあるこの曲は、その後の長きにわたって「ロックンロールが背負っていくべき世界観」の模範ともなっていった。

日本のカヴァー曲

本章の冒頭で書いたように、五〇年代の日本にも、ロックンロール音楽は「ほぼリアルタイムで」輸入されていた。歌詞を日本語に「翻訳」し、日本の歌手とミュージシャンに演じ直させて録音した多数のカヴァー曲が「アメリカでヒットしたらすぐに」日本で発売となっていた。

たとえば、五五年に全米で大ヒットしたビル・ヘイリー&ヒズ・コメッツの「ロック・アラウンド・ザ・クロック」は、早くも同年の十一月にダーク・ダックスが、十二月には江利チエミがそれぞれ違う「訳詞」のもとに日本語カヴァーしたものがシングル・リリースされていた。ある意味では「日本のロックンロール・レコード」の最初のリリースがこれだった、とも言われる。もっとも「テネシー・ワルツ」に始まる、江利のアメリカン・ポピュラー・ソング・カヴァーの選曲の中には、つねにジャズやR&Bが含まれていた。だから「アメリカのものを翻訳再演する」という方法論自体は、もうすこし前からあった。つねに「アメリカのほうを見ていた」のが、この時代の日本の歌謡界だったからだ。そうなった理由は後述する。

五六年には、ついにエルヴィス・プレスリーがRCAからメジャー・デビューを果たし、アメリカでは空前の大ブームが巻き起こっていた。彼の同年のスーパー・ヒット「ハートブレイク・ホテル」は、日本では小坂一也とワゴン・マスターズがカヴァーし、この曲で年末のNHK紅白歌合戦に出場するまでの成功をおさめた。そしてこの流れは翌年以降も過熱していくばかりで、五八年二月には第一回日劇ウェスタンカーニバルが開催され、いわゆる「ロカビリー三人男」、ミッキー・カーチス、平尾昌晃(昌章)、山下敬二郎が売り出されていくことにもなる。

　とはいえ、これらの動向のどこにも、直接的に七〇年代以降の「日本のロック」につながっていく系譜はなかった。また、このときの日本での「ロカビリー人気」というものは、おもにメジャー・デビュー後のエルヴィスの人気から「日本の業界人が目をつけた」だけのものだったため、音楽的に掘り下げられてはいなかった。だからポール・アンカやニール・セダカの、甘いヴォーカルでソフトな「ロッカ・バラード」も、日本の「ロカビリー歌手」たちは好んでレパートリーとしていた。つまり広い意味での「最新のアメリカン・ポップス」と、この時点での日本での「ロカビリー」という呼称は、ほぼ同じ意味となっていた、ということだ。

　そしてカヴァー曲がほとんどだった。あるいは、「日本にそれまであった」有名曲を「ロカビリー・アレンジ」で演奏したもの、なども目立っていた。たとえば後者、平尾昌章「ロック夕焼け小焼け」（五八年）は、オールスターズ・ワゴンの熱演が光る、この時代の「日本のロカビリー・ソング」の最高峰と呼ばれることが、よくある。

　それはそれで、悪くはない、のかもしれない。しかし、こうは言っておかねばならないだろう。大正期に作られた童謡である「夕焼け小焼け」のカヴァーに負けてしまう程度の楽曲しか、日本の「ロカビリー」シーンにはなかったのだ、と。あるいは、五〇年代の日本のロックンロール・シーンには。つまりそれらはすべて「ロカビリー」という新種のリズムを取り込んだ企画ものとしてのみ存在していた。だから美空ひばりが歌う「ロカビリー剣法」なんてものまであった。これは五八年に公開された『花笠若衆』という時代劇映画の中で、男装した着物姿の彼女が立ち回りを演じるシーンにて流された。歌詞は映画のストーリーに沿ったものだった。

冷遇されたチャック・ベリー

こうして、あたかも当然のことのように日本でロカビリーが無為に消費されていった背景には、リズム歌謡とのちに呼ばれるものの隆盛があった。この当時から六〇年代にかけて、歌謡曲は貪欲に「ニュー・リズム」を取り入れては、捨てていった。だからロカビリーも、ロックンロールも、日本においては、マンボやチャチャチャ、ドドンパ、カリプソなどと同様、「リズム」の一種でしかなかった。だから使い捨てて当然のものだった。

つまり、当時の日本のどこにも「メイベリーン」に相当するような歌はなかった、ということだ。「スクール・デイズ」も「スウィート・リトル・シックスティーン」も、なかった。日本には「なぜか」チャック・ベリーはいなかった。つまり、これらチャック・ベリーの名曲の数々のような、聴く者に世界の見方を一変させるような「オリジナル曲」を書く者はひとりもいなかった。彼が「観察力と想像力」をもって挑んでいった領域に近づいていこうとするかのような「日本のロックンロール・ソング」は、五〇年代当時、ただのひとつもなかった。

あまつさえ、チャック・ベリーのカヴァー・ソングすら、記憶に残るものは五〇年代にはなかった。ようやく六〇年代にはいくつか出て来るのだが、これは言うまでもなく「ビートルズやストーンズがカヴァーしていた曲」だったから、自らのカヴァー・ソングのネタとして、おもにGS（グループ・サウンズ）の面々がそれに目をつけただけのことだった。だから、どうということもない、おざなりのカヴァーでしかなかった。日本のミュージシャンによる印象的なチャック・ベリー・カヴァーは、なんと七二年にデビューするキャロルの登場を待つしかなかった。「ジョニー・B・グッド」を彼らはカヴァーしたのだが、当初ファンの多くはこれをキャロルの自作曲であり、「ジョニー大倉のテーマ・ソング」だと思い込んでいた、なんて笑えない逸話まである。つまり、それほどまでにチャック・ベリーの存在は、彼の音楽は、日本では冷遇されていた。

なぜなのか？　なぜ、チャック・ベリーの音楽は、国際的に最もヒットしていた五〇年代、日本のミュージシャンや音楽業界人から理解されなかったのだろうか？　このことの奥にはやはり、「日本固有の事情」による障壁があった。

当時、エルヴィスの歌のほうが日本人にはとっつきやすく、チャック・ベリーがそうではなかった最大の理由は、エルヴィスが白人の美青年で映画スターでもあったから、ということが大きいはずだ。チャック・ベリーは映画に出なかった。エルヴィスは数多くのヒット映画に主演した。ゆえにこうなった。なぜならば五〇年代の日本においてロカビリーとは、「映画スターでもあるようなアメリカの新しいアイドル歌手」の外形的な真似を、「若い日本人の歌手にやらせる」というぐらいの発想でしかなかったからだ。その程度の発想で始めたから、その程度の見識の範囲内で終始して、「ロックンロールとはなんであるのか」という本質を見極めることに大失敗をしてしまった。本質がわからないのだから、チャック・ベリーのロックンロール・ソングの世界観や言葉遣いがいかに画期的だったかなど気になるわけもなかった。それはロックンロールを理解するためには絶対に、「見過ごしてはならない」重要なポイントだったのだが。

チャック・ベリーの歌詞の内容、立ちのぼってくる精神性、それらを描写していくときの筆さばき——これら全部が、後のロックンロール・ソングの雛形のひとつとなった。それは、ティーンエイジャーの実感を縫い込んだ、「リアリズムにもとづいたフィクション」だった。つまり、歌そのものは軽快で楽天性に満ちていたとしても、そこに縫い込まれた現実は、当事者たちにとっては、地に足が着いた、手応えも重量もあるシリアスなものだった。米英のティーンエイジャーは、歌の中のリアリティの質に歓喜した。

こうした効果を生み出し得たのは、あたかもなにもかもを鳥瞰《ちょうかん》しているかのような「神の視点からの観察」と、具体的かつ写実的な「描写力」の合わせ技だった。チャック・ベリーのこの技法は、カントリー音楽の伝統にのっとったものだ。たとえば彼の「メイベリーン」は、歌の元ネタがカントリーだっただけではなく、詞の書き方そのものもカントリー的だった。バラッドに起源を持つカントリーは、「まるで三人称の小説のように」ストーリーを語っていくことを得意とする。つまりチャック・ベリーの功績によって、五〇年代の発生の時点から、ロックンロールとは、「現実社会の一断面」を伝えうるニュース・メディアともなった。だから「歌の題材となった」若者たちの強い共感も得た。それを当時の日本の音楽業界人は理解できなかった。

もっとも、こうしたカントリー音楽的なストーリーテリングを、日本人は知らないわけではない。歌謡曲、あるいは演歌ではよく試みられている。たとえば北島三郎の「与作」、鳥羽一郎の「兄弟船」、ここらへんには、職業人を描いたカントリー・ソングと近しい構造の一部はある。ただ十分な観察力と描写の写実性がないため、ファンタジーに傾き過ぎているだけだ。これがもっと冷厳なリアリズムに徹していくと、その最果てには、カントリーならばジョニー・キャッシュという巨星がいる。代表曲のひとつ「フォルサム・プリズン・ブルース」を、彼が慰問に行った先の刑務所で歌うときはいつも、むくつけき男どもばかりの受刑者が熱狂し、または感涙にむせんだという。キャッシュの観察力、感応力、描写力は、「本物の」アウトローしか知り得ないような感覚を歌の中に抽出できたからだ。そして彼のキャリア初期は、サン・スタジオでエルヴィスとくつわを並べたオリジナル・ロカビリアンでもあった。だからキャッシュの「リアリズム」と同型のものが、チャック・ベリーの歌の中に存在しても驚くにはあたらない。それは当然のことだった。日本の音楽業界人だけが「そんなものがロックンロール・ソングの中にある」とは、想像することもできなかっただけだ。

伝播しなかった「衝撃」

ところで初期のエルヴィスは、ブルースのカヴァーを好んだ。カントリー曲であったとしても「ロカビリー化しやすいもの」つまり、ブルースの要素をもともと多く含んでいるものをよく取り上げた。ブルースとは、極端に要約すると「エモーションの発露」が最優先されるものだ。エモーションとは内的な事柄だ。だからブルースの歌詞は心情吐露的であり、つまりは一人称的な話法を根源的にそなえている。言うなれば、これも日本人がとっつきやすく感じた点なのかもしれない。彼が自らの胸襟を開き、その奥の深い感情を真《しん》摯《し》に歌い込んだものが「ハートブレイク・ホテル」であるかのように、日本人には感じられたのではないか。だとしたら、それは「ブルースを聴いた」ということだ。ただしエモーションを重視するがゆえに、ブルースは歌詞にリフレインが多くなりがちで、ストーリーテリングの自在さという点ではカントリーに一歩譲るところがある。だからまさに一長一短なのだが、日本人はどちらかというと、より私小説的にもとらえることができる「ブルースの話法」を好む傾向が強く、「カントリーの話法」には、馴染みが悪いようだ。そしてこの傾向は、日本のロック・ファンおよびミュージシャンのあいだで、このあともずっと、ひとつの伝統のように継承されていくことになる。

とまれ、五〇年代の日本におけるロックンロール音楽の受容とは、「入ってきたことは入ってきた」し、熱心なファンもリスナーとしては少数いたのかもしれないが、その本質の理解が広く共有されることはなかった。音楽業界には無駄に消費されるだけだった。つまり、音楽そのものは輸入されていたにもかかわらず、「ロックンロールの誕生の衝撃」は、日本にはとくには伝播してこなかった。それだけは税関で止められていたのかもしれない、というのは僕の冗談だが、そんなことを言いたくなるほどに、五〇年代の日本において、「ロック誕生の衝撃」を体験した、という人の発言は少ない。僕がこれまでに活字で目にしたのは、片岡義男ほか、ごく少数に止まる。つまり、以下に引用するローリング・ストーンズのキース・リチャーズのように感じた人は、日本にはほとんどいなかった、ということなのだろう。彼は幾度かこのエピソードを語っている。エルヴィス・プレスリーの「ハートブレイク・ホテル」を、初めてラジオで聴いたときの話だ。

「いつも簡単に思い出せるのは『ハートブレイク・ホテル』を聴いた夜のことだ。ラジオ・ルクセンブルグの放送だったから、電波が弱くて、『ああ、消えちゃうよ！』なんて言いながら、ラジオを抱えて部屋の中を歩き回った。そのとき世界はテクニカラーに変わったんだ。それまではいつもくすんだ灰褐色だった。とくにイングランドでは、なにもかもまだ戦後だったからさ。わかるだろう？　まだいたるところに瓦礫もあったんだ」

（〈ローリング・ストーン〉アメリカ版・二〇〇七年五月三日号より。インタヴュアーはカート・ローダー）

また彼は、こうも言っていた。

「まるでB．C．がA．D．になったみたいだった。五六年がイヤー・ワンだ」

「突然、なにもかもがズーンって、ゴージャスなテクニカラーになった。いまの子供たちは、ロックンロールがない世界なんて知らないだろう？　おれは知ってる。それが違いなんだ。あれは国際的な大爆発だったんだ。ほんの数枚のレコード、メンフィスだかメイコンだかでさ、何人かの奴らが作ったものが、ものすごい効果を生んだんだ。それはとんでもないものだった。世界を変えたんだ」

（〈ローリング・ストーン〉アメリカ版・一九八七年十一月五日号より。インタヴュアーはカート・ローダー）

キース・リチャーズはチャック・ベリーの大ファンでもある。ほとんど弟子のようになって、彼の六十歳の記念コンサートを取り仕切ったことすらあった。そのキースが「感じたように」ロックンロールをとらえることにも、彼が「学んだように」チャックらの音楽に接していくことにも、まさに「初年度」から、どうやら日本人は失敗してしまったようだった。日本のどこかには、チャック・ベリーのようにギターを弾くことを研究した者も、ことによるとダック・ウォークの練習までした人もいたのかもしれない。しかしそれは売れないミュージシャンの話であって、「日劇のスター」となったのは、あるいは「日本の芸能界の基礎」となったものは、あくまでも「外形だけ洋風」の、あつかいやすい歌手がうたう、やはり「あつかいやすい」音楽だった。なんの毒もなく、嘘くさく明朗で楽しい、薄っぺらいこれらの歌は、外面はどうであれ、その本質は土着的な生理感覚に根ざした日本固有の、戦前から連綿と続く大衆音楽の一形態――つまり、歌謡曲だった。

「流行歌」とジャズ

歌謡曲の起源は大正時代にまで遡《さかのぼ》ることができる。そして歌謡曲のキーワードとなるものは三つある。「アメリカ軍」「トップダウンによる統制」、それから「戦争」だ。ここに付け加えるものがあるとしたら、「価値観の保守性」だろうか。

日本における西洋音楽の受容の直接的な源流は、「黒船来航」に求めることができる。一八五三年、翌五四年に、それぞれ浦賀と横浜沖に来航したマシュー・C・ペリー代将率いる米海軍「黒船」艦隊所属の軍楽隊が、日本人の前で幾度も演奏をした。演目は、民謡の「ヤンキー・ドゥードゥル」、アメリカの国民的作曲家スティーブン・フォスターの曲などだったという。艦隊の乗組員によるミンストレル・ショウ（顔を黒く塗った白人が演じるショウのこと）もあったそうだ。だからそこにはディキシーランド・ジャズの原型ともなるものも含まれていたはずだ。こういった史実が、筒井康隆の中篇小説「ジャズ大名」（一九八一年）をのちに生んだ。

とはいえ、そこで国土に持ち込まれたアメリカの「ポピュラーな」音楽に、日本の庶民が親しむに至るまでには時間がかかった。まずは外国人の「軍艦」が乗せてきて、あとは「お上」が一元的に取り仕切るものだったからだ。こうした経路から、まずは学校唱歌が西洋音楽を庶民に啓蒙していくことになる。その皮切りとなる『小学唱歌集』が発行されたのが一八八一年（明治十四年）。そこには、スコットランド民謡に「原曲の詞とは関係がない」日本語の詞が付与された「蛍の光」や、アメリカ民謡に同じ形で日本語詞をつけた

「あおげば尊し」などが収録されており、教材として、文部省官僚の伊沢修二が編んだものだった。日本の西洋音楽受容の歴史は「替え歌」から始まっていった、ということだ。

こうした「官からのトップダウン」を脱して、庶民が自らの興味のおもむくままに商業音楽を楽しめるようになるのは大正時代だった。その第一号となったのは、一九一四年（大正三年）に発表された、松井須磨子の歌う「カチューシャの唄」だ。島村抱月の劇団「芸術座」が上演したトルストイ作の「復活」の舞台にて、主役を演じた松井が歌ったものがこれだ。この歌唱は舞台のみならず、楽譜になり、レコードになり、大きな人気を呼び、「流行歌」と呼ばれた。英語の「Popular Song」のまさしく逐語訳であるこの名称は、一時期のあいだ、日本の大衆音楽の歴史を牽引する主役の位置を占めていく。そして、ジャズが上陸する。

大正期には「モボ・モガ」が銀座を闊歩した、とよく言われる。しかしそれは正確ではない。彼ら彼女ら本人がどの程度理解していたのかはさておき、「モダンボーイ」「モダンガール」のファッションやライフスタイルは、このころ国際的に猛威をふるっていた「ジャズ・エイジ」を起源としていたからだ。ジャズ音楽とそれに影響された文化様式の様々なものがほぼリアルタイムで日本にも流入してきていたからこそ、モボやモガは生まれ得た。大正十年代から、つまり一九二〇年代が始まってすぐのころから、すでに日本にも

「ジャズ」はあった。彼方でフィッツジェラルドやゼルダが遊びまわっていたのと同じ時代に、日本にもジャズを好む都会的な男女がいた。この速度、ここまでの「同時代性」は、それまでの日本の歴史にはなかったことだ。もちろん東アジア諸国の中では、日本のみが唯一、その国際的な文化潮流の波に乗ることができていた。大衆音楽、そして都会的で洗練された生活文化の消費地として、「最先端」を追っていける場として、当時の東京や大阪の一部分は機能していた。

「歌謡曲」という呼称の誕生

この時期に日本の音楽シーンを支えていたのは、ひとつは「有名私立大学の学生」、もうひとつは「職業的バンドマン」だった。たとえば前者は、慶應を筆頭に、早稲田、明治、法政の学生が結成したジャズ・バンドが有名だった。そして後者は「ダンスホール」づきで演奏するプロフェッショナルたちだった。要するに、「お坊ちゃん」と「ド不良」の両者が、あるいは「その両方がミックスしているような人物」が、この時代にジャズを鳴らしていたわけだ。放送局やレコード会社での演奏や録音などの仕事も、この両者からの流れにある者を中心に回っていた。もうひとつ挙げるとしたら、軍楽隊だ。これも「音楽で食える」という意味で、当時のミュージシャンにとっては優良な職場だった。

ジャズ・エイジだったころの日本にいたジャズメンは、もちろん流行歌にもかかわった。そんな「流行歌」が、あるとき「歌謡曲」と一方的に呼び方を改められる。誰が主導したか？　これもトップダウンだった、と言うべきだろう。決めたのはＮＨＫだ。すでにして「エロ・グロ・ナンセンス」の庶民の娯楽の映し鏡となっていた「流行歌」は、もはやその呼称自体が下品でどうしようもない、「だから」新しい呼称を提唱した——というのがＮＨＫ側の言い分だった。一九三三年（昭和八年）のことだった。

注目していただきたいのは、「歌謡曲」という呼称の考案およびそれが流布されていく過程は、およそその半世紀ののち、「Ｊポップ」という呼称が生み出されたときと、そっくりそのまま同じである、ということだ。「Ｊポップ」とは、八八年（ないしは八九年）に東京のＦＭ放送局のＪ－ＷＡＶＥが「考案」し、最初に「流布」させていった呼称だったという。歴史は繰り返す。とくに日本の歴史はよく。懲りもせずに。

話を戦前に戻そう。三六年からＮＨＫは『国民歌謡』というラジオ・プログラムの放送を始める。「歌謡曲」の新曲を、月曜から土曜のお昼の五分間流すという帯番組だった。ここで放送されるものが、のちに「戦時歌謡」と呼ばれるものの総本山となった。また同時期に、レコードへの検閲圧力はどんどん高まっていった。そして多くの「流行歌」の作詞家や作曲家たちは、「お上」から求められるがままに「軍歌」の制作へと向かっていく。たとえば古賀政男、山田耕筰といったビッグ・ネームは「軍歌」でも大御所となっていく。同時期に活躍した売れっ子作曲家でありながら、「ほとんど軍歌を手掛けなかった（数曲に止まる）」のは、服部良一ぐらいだった、という。

こうして、「ファッショ」の体制のもと、音楽家もやはりそこに大多数は束ねられて、日本は敗戦を迎えることになる。忘れてはならないのは、「歌謡曲」という概念は、「統治者側」が統制し、検閲し、管理していって「国家の目的」のために有効利用するために考え出されて、そのとおりに使われてしまったものだった、ということだ。当時のNHKや国家中枢に近いところにいた人々が考案して、「人工的に」生み出された「歌謡曲」という概念が、日本の音楽の歴史に対しておよぼした最初にして特大の効果こそが、「戦争への協力」および、その結果としての「大敗戦」だった。

そもそもは、たんなる「流行歌」であり、大衆が好むポピュラー・ソングといったほどの意味でよかったはずのものに、わざわざ「人工的な」名称まで与えたあげく、すべてを台無しにしてしまったわけだ（もちろん、これものちに繰り返されるのだが）。

「バカはいいけど、アカは駄目」

とはいえ、敗戦を大いに喜び、そのことによって解き放たれる者もいた。待ちに待った

「自由」が訪れたことを、歓喜の中で祝う者がいた。なかでもとくに、三〇年代半ば以降、まさに耐えがたきを耐え、苦労を重ねていた日本のジャズメンたちのつらい日々は、敗戦によって突然、「とてつもない規模で」報われることになる。

なんと「ジャズの母国」であるアメリカからの進駐軍が、日本中に基地を作るのだという。基地には娯楽のための「クラブ」が設けられて、そこで演奏する者を、つねに募集もするのだという――これに欣喜雀躍《きんきじやくやく》せずしてどうしようか！

かくして、ありとあらゆる日本のジャズ演奏家が、学生あがりから、ダンスホールあがり、そしてもちろん（日本の軍がなくなったのだから）軍楽隊あがりまで、みんなが米軍ベースへと向かった。それでも人手が足りないほど仕事はあった、のだという。そしてここから、バンドマンは「最新の」アメリカ音楽の潮流をも知っていくことになった。

カントリー&ウェスタンも、もちろんロックンロールも、米軍のプレゼンスの中から日本人は知っていった。それはバンドマンが進駐軍クラブの担当オフィサーから手渡された譜面の中にあった、のかもしれない。あるいはPXの宝の山のような「輸入レコード・ショップ」の中にあった、のかもしれない。ときが下れば（五〇年代以降は）FEN（米軍極東放送網）からエアプレイされたものも多かったかもしれない。

日本におけるロックンロールは、「敗戦国として」の現実に向き合うことの、ある意味での「最前線」とも言える場所から上陸してきた。そして、そのせいでまた、ひとつの禍根を別の場所に残してしまう。日本のロックは、その出自のせいで「ノンポリの資本主義者」としての性格を色濃く持ってしまうことになる。

なぜならば、ロックンロールが日本に伝来した当時のアメリカは赤狩りの記憶も生々しく、冷戦初期の体制をほぼ整えつつある状態だったからだ。極東の軍事基地に出入りする現地人が、ジーンズやアメリカの食品が大好きな音楽クレイジーであることは好ましかったが、「日米安保体制に疑問を持つ者」であることは望ましくなかった。左翼であることなど、もってのほかだった。「バカはいいけど、アカは駄目」とアメリカ軍人が、言ったかどうか。しかし事実、「ロックンロールを好きになった」日本の第一世代は、基本的にそのほとんどが、「ノンポリの資本主義者」になってしまう。

基地をとおして見たアメリカこそが、戦後の歌謡曲をも含む、日本のポピュラー音楽すべての心の故郷となった。そしてこれは、なんとも奇遇なことに、戦勝国であるイギリスの状況とも酷似していた。

ビートルズは「自由」を表現し、GSはお仕着せを選んだ

アメリカの歌手、ドン・マクリーンが七二年のヒット曲「アメリカン・パイ」の中で歌

ったように、アメリカのロックンロールは五九年にいちど終わる。彼が言う「The Day the Music Died」とは、一九五九年二月三日にアイオワ州で起こった飛行機事故を指している。チャーター機に搭乗していたバディ・ホリー、リッチー・ヴァレンス、ビッグ・ボッパーら、当時のトップ・スターだったロックンロール歌手全員が死亡した。そしてこの前年、エルヴィスは徴兵通知を受けて陸軍に入隊していた。アメリカではロカビリーもロックンロールも過去の流行になり始めていた。もっと甘いロッカバラードや、のちには日本人などから「ゴールデン・ポップス」と呼ばれることになる、ティーン向けのポップ・ソングが、流行の主役となっていった。

そして「ブリル・ビルディング」サウンドと呼ばれるものが浮上してくる。これはバート・バカラックとハル・デヴィッド、ジェリー・ゴフィンとキャロル・キングなど、プロフェッショナルのソングライターたちが量産したポップ・ソングを指すものだった。アメリカのポピュラー・ソングの歴史もまた、その作り方という点でだけは、先祖返りを起こしていた。ニューヨークに所在する同名ビルを本拠としたこのソングライター陣の仕事ぶりは、かつてアメリカン・ポピュラー・ソングの名曲を数多く送り出した「ティン・パン・アレー」のソングライターたちとよく似ていた。違ったのは、「ブリル・ビルディング」の一群は、形式としてのロックンロールをも取り込んでいたところだ。これらは「六〇年代初頭にティーンエイジャーとなる者」に向けて送り出されていった。

別の動きとしては、ニューヨークのグリニッジ・ヴィレッジを中心に、フォーク・ソングのリバイバル運動も始まっていた。こちらは五〇年代中後期にロックンロールを聴いていた高校生が、大学に進学してから聴くような音楽だった、のかもしれない。このシーンからボブ・ディランが登場してくることになる。

こうした逆風とも言える中、オリジナル・ロックンローラーたちの中には、イギリスに活路を見いだす者もいた。六〇年、それを積極的に進めていた者のひとりだったジーン・ヴィンセントは、エディ・コクランとともにイングランドをツアー中、南部のウィルトシャー郡で交通事故に遭う。この事故でコクランは死亡、ヴィンセントも片足に障害を残してしまう。しかし彼のライヴ・パフォーマンスを観ることができた現地の少年少女たちの心の中に、大きな影響を残すことにもなった。ビートルズのメンバーもその中にいた。ハンブルク時代の彼らがブラック・レザーの上下で揃えたのは、完全にジーン・ヴィンセントのスタイルの真似だった。そしてそのときのビートルズの姿を、約十年後に日本のキャロルが模倣することになる。

戦勝国であったにもかかわらず、大戦の初期からナチス・ドイツの攻撃の矢面に立ち続けたがゆえに、終戦時のイギリスの国家財政はほぼ破綻していた。債務総額は同時期の日本と並ぶものだった、という。そこからの復興を大きく助けたのがアメリカだった。だから戦後すぐのイギリスには、同じころの日本人のように「GIから貰ったチューインガムやチョコレートが嬉しかった」なんて声まであったそうだ。そしてジーンズとロックンロールをアメリカから知り、復興景気の中で力をつけていった労働者階級の若者たちが可処分所得を投入していくことで、イギリスのロックンロールは六〇年代前半に急速なる発展を遂げていくことになる。これが日本に伝播して、グループ・サウンズ（GS）と呼ばれるものになっていく。

外見だけのGSブーム

しかしGSも、結局のところは徹頭徹尾、歌謡曲だった。つまりマネジメント・オフィスが手取り足取り管理して、レコード会社専属の作詞・作曲家が作った歌を、演奏したり歌ったりする、だけだった。ただその外見だけは、ビートルズやストーンズに似せようとしていた。外見とは、髪形や、服装や、バンドの編成や、持っている楽器といったことなどすべてだ。しかし中身は似せようにも、作り手側の大半にはロックンロールについての基礎的な知識が「なにもなかった」のだと思える。おそらくは、前述した「障壁」のようなものにずっと阻害されていたせいで。

すでに五〇年代から、「洋楽」のヒット曲は、ラジオなどをとおして、ごく普通に街に流れていた。もちろん場所にもよるのだろうが、こんなこともあったそうだ。たとえば銭湯の湯船に浸かりながら、レイ・チャールズの「ホワッド・アイ・セイ」、ハンク・ウィリアムズの「ジャンバラヤ」、ポール・アンカの「ダイアナ」なんかを鼻歌でうたっている人は、五〇年代の後半あたりには、よくいたのだという（鈴木カツ『こだわりアメリカン・ルーツ・ミュージック事典』ＮＨＫ出版・生活人新書、二〇〇八年より）。

僕にはどうしても理解できないのが、日本のポピュラー音楽の全体像の中にいつも抜きがたくつきまとう、この二重性だ。「リスナーとして」海外のポップ音楽を楽しむ人、と きには高度な研究家とまでなってしまう人は、日本ではめずらしくない。昔から連綿と、数多くいる。しかし、そうしたタイプの人と同程度の音楽文化的素養を持つ「プロの歌手」や「プロの商業音楽従事者」は、じつはあまりいないのではないか。たとえば、前述の「銭湯の鼻歌」のような形でアメリカの最新のポップ音楽に親しんでいるような人が、（いくら仕事のためだとはいえ）似合わない不格好なマッシュルーム・カットをして、振り付けを覚えて、「歌謡曲」としか言いようのないロックもどきを、六〇年代の後半にもなってやる、なんてことが、あり得るのだろうか？

当時、ＧＳとしてデビューした人々は「音楽を知らない者が多すぎた」のだと言えるのではないか。芸能人になりたかっただけで、「スター」になりたかっただけで。そしてそれは、このあともずっと、芸能界や歌謡曲界に近いところにいる、日本のポップ歌手の最大の特徴ともなっていく。つねに「市井の熱心なリスナー」の足元にも及ばない貧弱なる音楽的教養と、本質的な意味で音楽への敬意を欠いた姿勢のもとで、ただただ「注目を集めたい」「自分の歌」だけをうたいたい、という情動にのみ突き動かされては、楽器を抱えて人前に出ていく者こそが「商業音楽界にデビューしたい者」の典型的なタイプとなっていく。その原点ともなる現象が最初に顕在化したのが、六〇年代のGSブームだったのではないか。そしてこの六〇年代こそが、「日本の歌謡曲の黄金時代だった」という意見は多い。GSが支えた「黄金時代」だ。

遅れすぎていた「歌謡ロック」

さらに救われない話もある。GSバンドが大量発生した時期が、六六年のビートルズ来日公演のあとだった、という事実だ。つまりこの章の冒頭で紹介したかまやつひろしが見た光景のあとにこそ、状況は極端に悪化していったということになる。GSバンドのデビューのピークは六八年だったそうだ。デビューしたバンドの総数は、およそ二百組を越えたのではないか、との分析すらある。

ビートルズは、来日公演も含むこのときのワールド・ツアーを最後に、公演旅行を一切やめてしまう。そしてレコーディング・スタジオに籠り、翌六七年には『サージェント・ペパーズ』を発表する。これはポップ音楽の歴史の中では、六六年にアメリカのビーチ・ボーイズが発表したアルバム『ペット・サウンズ』からのひとつらなりの出来事として解釈されている。その頂点となった六七年の夏は「サマー・オブ・ラヴ」と呼ばれた。ドアーズがピンク・フロイドがデビューし、ジェファーソン・エアプレインがアルバム『シュールリアリスティック・ピロウ』を、ラヴが『フォーエヴァー・チェンジズ』を発表し、ヴェルヴェット・アンダーグラウンドが『アンド・ニコ』をリリースして、これらのすべてが「最新のレコード」として店頭では一堂に会していた。六七年の春休み（スプリング・ブレイク）を皮切りに、全米の家出学生たちがサンフランシスコのヘイト・アシュベリー地区に集結した。そこにはフリー・セックスとマリワナと精神の解放がある、と考えられていた。つまり、「カウンターカルチャー」の勃興だ。

六〇年代のロック音楽は、サンフランシスコ、ロサンゼルス、ニューヨーク、ロンドンなどをおもな拠点として、サイケデリック・ロック、プログレッシヴ・ロック、ブルース・ロック、ハード・ロック、ジャズ・ロックそのほか、「ありとあらゆる方向へ」ビッグ・バンの直後の宇宙のごとく急速なる伸張を遂げようとしていた。その進化の猛速度を象徴するのが「六七年の夏」だった。

そんな時期に、あろうことか、数年前のビートルズの外見などを参考に、「歌謡ロック」をやるバンドを次から次にデビューさせていた、という日本の音楽業界の状況は、どう考えても遅れすぎている。ごく普通の日本のレコード店でも前述の「海外の最新のロック」の日本盤は購入できたし、ラジオからも流れていたにもかかわらず。いったい、なにを考えていたのか。なにも考えられなかったのか。

もちろん、GSにも例外はあった。オリジナル曲を作るグループもいた。スパイダースがその代表格で、かまやつひろしの作詞・作曲による「フリフリ」「バン・バン・バン」などがあった。しかし彼らにしても、最大のヒット曲は浜口庫之助のペンによる、歌謡曲としか言いようがない「夕陽が泣いている」だった。ほかのグループも同様で、コンサートでは洋楽のカヴァー・ソングをやっていても、レコードになりヒットするのは、プロの作詞・作曲家が作った「歌謡曲っぽい」ナンバーばかりだった。

ロック音楽の歴史になにも残さなかったように思われていたGSが、少なくともその一部だけが再評価されたのは、八〇年代末だった。サウンドが「ガレージ・ロックっぽくて興味ぶかい」として、まず海外の好事家《こうずか》から注目された。このとき注目を集めたのはやはりスパイダース、モップスの諸作だった。のちに村八分を結成する山口冨士夫が在籍したバンド、ダイナマイツの「トンネル天国」も好まれた。

政治的フォークの勃興

六〇年代いっぱいまでの日本のロックについての概観は、以上でだいたい終わりだ。あと述べるべきは、「フォーク・ソング」のことだろう。なぜならば日本では、アーティストが「自分の言葉」で曲を作ることを率先して始めたのは、ロックではなく、フォークの側だったからだ。しかしその「言葉」が生み出された背景に、アメリカにおける「フォーク・リバイバル」の影響がどの程度あったのかはよくわからない。かすかな音楽的影響は、あったようにも見受けられるのだが。

しかし、このときの「リバイバル」の本筋であった、「オリジナル」のアメリカン・フォーク・ソングを聴いた「日本のフォーク・シンガー」やファンは、決して多くはなかったのではないか。たとえば、米フォークウェイズ・レコードが編纂した、戦前の南部の白人や黒人のローカル・ミュージシャンたちの演奏を集めたレコードには「オリジナル」の楽曲が多数収録されていた。古典的なアパラチアン音楽のフィールド・レコーディングもあれば、ウディ・ガスリー、レッドベリーらの歴史的名曲、名演がそこにはあった。これに「音楽的に」刺激され、啓蒙された結果生じたものがグリニッジ・ヴィレッジの「フォーク・リバイバル」だったのだが、日本ではどうだったのか。ルーツ音楽の探究という側面は、ほとんどまったく、なかったようにも思える。日本のフォークとは、「音楽的」なものというよりも、「僕にも（私にも）言いたいことがある」ゆえの「自作自演」であり、その最も手っ取り早い手段としての「ギターの弾き語り」だったのではないか。

たとえば、新宿駅西口広場では「フォーク・ゲリラ」と呼ばれる活動があった。六九年六月のことだ。自分の考えを日本語の歌としてまとめたものを、フォーク・ギターを手に歌う者がいた。合唱する者もいた。しかしその歌は、音楽的には歌謡曲や演歌調であるものも多くあった。ただ「外形的な」行動としては、アメリカのピート・シーガー、ジョーン・バエズといった「プロテスト・フォーク」の姿勢は、模倣されたのかもしれない。左翼調の思想という点でもどこか深層心理的には通じていたのかもしれない。

この六〇年代末の日本のフォーク・ソングは、音楽ムーヴメントというよりも、安保闘争などとひと続きとなった、左翼的な政治活動の一環の中にあった、ととらえるべきなのかもしれない。つまりたどるべきルーツはアメリカン・オールド・フォーク・ソングやカントリー・ブルースなどではなく、日本の「うたごえ運動」だったのかもしれない。五〇年代初期に声楽家の関鑑子《あきこ》が主宰する音楽センターが先導したのが「うたごえ運動」だった。この運動は全国に「うたごえ喫茶」を生んだ。そこで人々は合唱しつつ平和を祈念した。五五年には関はその功績をソヴィエト連邦政府から認められ、国際スターリン平和賞を授与される。うたごえ喫茶ではロシア民謡、労働歌、そしてもちろん「インターナショナル」などが歌われていた。

この運動と六〇年代末の政治的フォークは、直接的には関連せずとも、同じ系譜に属していたと考えるべきなのだろう。つまり、戦前より連綿と続いていた「日本の大衆音楽」をリードしていた層とは、まったく違う位相にある立場から生じた「日本語の歌」が浮上してきていた、ということを意味する。西口広場に集っていた者の中にも、「裕福な家庭に育った私学の学生」はいただろうが、ジャズやカントリーやハワイアン、いわんや「ロックンロール」に耽溺する者はいなかったか、かぎりなく少数派だったはずだ。不良のバンドマンも、軍楽隊あがりも、少数派だったに違いない。

なぜならば、「終戦直後の米軍ベース回り」から、音楽的な意味での「復興」を日本社会へと還元していった、そのときの主役となった三者（学生、バンドマン、軍楽隊）にとって「アメリカ軍」は恩人にも等しい存在だったからだ。「戦前や戦中」に自分たちを抑圧し、貧困や飢餓や死にすら直面せしめた大日本帝国よりもずっと、「戦後民主主義」を与えてくれたアメリカのほうに、彼らは親近感を抱いていたのではないか。だから安保世代の主張自体が、アメリカ軍に「出ていけ」という声の出どころそのものが、いまいち理解できなかったのではないか。

また同時に「復興を担った三者」の側には、冷徹な現状認識もあったはずだ。それは「冷戦」というものについての認識だ。アメリカの軍事力の傘の下で、日本人は経済のことだけを考えて、豊かになって、ときにはロックなどたしなんで、遊んでいればいいのではないか。まるでカネ持ちの親に用意してもらった、子供部屋のような場所の中で——当時の「旧世代」が持っていた、日米安保条約にかんする政治的意識とは、およそこんなものではなかったか、と僕は想像する。

だから当たり前のように、「フォーク」世代と彼らは、すれ違っていった。あからさまな世代的断裂があった。たとえば一九七〇年に初演された、ジローズの「戦争を知らない子供たち」(作詞・北山修)は、一般的には、従軍した父親たちに対して自らの立ち位置を表明した歌だ、とされている。しかしこの曲は、じつは「旧世代」への対決姿勢を鮮明にしたものとしても機能したのではないか。なぜならば、日本におけるロックンロール第一世代とは、その時点における最後の「戦争を知っている子供たち」が成長した姿だったからだ。彼らに対して、あるいは彼らの「アメリカへの意識や距離感」などへの違和感の表明がこの歌だったのではないか。あたかも世代間闘争を宣言するかのような一曲だったのではないだろうか、と僕は思う。

脱GS化の動き

そしてこのときの「新世代」であるフォーク歌手たちは「芸能界」と違うところに橋頭堡《きょうとうほ》を築き始める。コンサート・プロモーション、マネジメント、レコード会社まで、「従来の芸能界とは異なる」ところに新たなるシステムが立ち上がろうとしていた。そんな中、自らフォーク界に接近していく「旧世代」の者もいた。代表例は、かまやつひろしだった。

かまやつ以外にも、いち早く脱GS化を進めていく者はいた。ミッキー・カーチスは六六年にバンガーズを結成、のちに「ミッキー・カーチス&サムライ」と名を改め、ヨーロッパ・ツアーへと向かっていく。「サムライ」には、ベーシストの山内テツも在籍した。彼はのちにイギリスのバンド、フリーや、同じくロッド・スチュワートをヴォーカルに擁する人気バンド、フェイセズのメンバーともなる名プレイヤーだった。

六七年に内田裕也が結成したザ・フラワーズは、七〇年にメンバー・チェンジして新しい名前「フラワー・トラベリン・バンド」を名乗る。プロデューサーとなった内田は彼らを率いて、やはり海外へと進出していく。

裸のラリーズも、すでに動き始めていた。六七年の結成時にメンバーだった若林盛亮は、七〇年、赤軍派の一員として、世に言う「よど号ハイジャック事件」にかかわる。そして北朝鮮に亡命する。裸のラリーズには、のちに山口冨士夫も関係することになる。

ジャックスも、その姿をあらわしたのは六〇年代の終わりだった。運悪くGSブームの頂点だった六八年の九月、デビュー作『ジャックスの世界』は発売される。しかしまったく売れず、人気も上がらず、早川義夫いわく「東京サマーランドのプール脇で『からっぽの世界』を演奏する」などして苦労を重ねたあげく、六九年八月には解散してしまう。

同じ六九年の九月、日本では「フォークの神様」と呼ばれ、「日本のボブ・ディラン」とも呼ばれていたというフォーク歌手、岡林信康——僕には、彼の歌は徹頭徹尾演歌にしか聞こえないのだが——が、スケジュールを飛ばして雲隠れする。そして七〇年四月のコンサートに復帰した彼は、まさに「ロック化したディラン」をなぞるかのように(しかしこれは、六五年のニューポート・フェスで起きたことだから、軽く五年落ちだったのだが……)、ともあれ、4ピースのロック・バンドを従えてステージに立つ。このとき岡林のバックにいたバンドが、はっぴいえんどだった。

第二章　はっぴいえんどが発見した「公式」

はっぴいえんどの「革命」

六〇年代の末期、まずはGSへの反発という形で胎動を始めた日本のロックが、ようやく形になり始めたのが一九七〇年だった。このとき同時多発的にいろんな場所で起こっていた「ロック勃興」の動きの中で最重要と呼ぶべきものこそが「はっぴいえんどの登場」だった。

はっぴいえんどは革命的だった。日本語でロック・ソングを作った者は彼ら以前にもいたが、正確に、見事に、「8ビートと日本語を合致させる」方法を示してみせたのは彼らが最初だった。あたかもそれは、新たなる公式を発見した科学者集団のようだった。その公式とは、日本語ロックの「黄金律」だ。はっぴいえんどは「日本語の中に眠っていた8ビート」を発掘し、楽曲の上に定着させることに成功した。彼らは賞賛されたが、しかし同時に論議をも巻き起こし、結果、短命なバンドとして消滅してしまう。彼らの現役時代は「不遇」と言っても差し支えないものだ。のちの世で得ることになる圧倒的高評価は、「その当時」においては、一部の熱心なファンのあいだにのみ止まるものだった。まずは最初に、彼らの革命性とはいかなるものだったのかを検証してみるところから始めよう。

いくつかの才能と、それを乗せた人格が集まってきて、予想外の「化学反応」が起こり、「二度とは訪れることのない」濃密で有意義な時間が生じること――古今東西、「バンド」というものの面白味の第一義とはこれだ。はっぴいえんどの革新性の第一も、まずこの意味で「バンドらしい」ところだった。日本において、彼らは「ロック・バンドらしいバンド」の嚆矢となった。「化学反応」とは、合奏するときに生まれてくるもののみを指すわけではない。ソングライティングも同様だ。とくに「共作」で楽曲を書いていくときに、この「反応」は顕著なものとなる。たとえばビートルズにおける「レノン／マッカートニー」、ストーンズにおける「ジャガー／リチャーズ」のように、バンド内に複数名いる作詞・作曲者がその都度共作をしていく、というシステムは、洋楽においては六〇年代前半から一般的となっていた。これとほぼ同じ方法論を日本で推し進めていった先駆けのひとつが、はっぴいえんどだった。さらに言うと「はっぴいえんど流」のこのシステムは、きわめてユニークだった。それは「詞先《しせん》」だった、ということだ。

日本のバンドマン用語で、「詞先」「曲先《きょくせん》」という言い方がある。楽曲を作る際に、詞を先に書くか、曲を先に書くか、ということをそれぞれ表している。そして日本では、ロックの世界では圧倒的に「曲先」が多い。たとえば、まずギターを手に取って弾く。コード進行やフレーズ、リフレインなどを組み合わせていく。そこで「鼻歌」をうたう。または「英語のような」適当な、言語ともいえない言語を歌ってみる。なぜ「英語ふう」かというと、ロックのリズムに合うからだ――そうやってまとまってきた曲のメロディ・ラインに、「あとから」適当な日本語を当てはめていって、「歌詞」が出来あがる。初期のサザンオールスターズでは桑田佳祐もこうした「曲先」の方法をとっていて、だから彼のヴォーカル・ラインには「日本語ばなれした」リズム感があるのだ、という話も聞いたことがある。これが日本では「一般的」なロック・ソングの楽曲制作の方法だ。およそ九割は「曲先」で作られたものなのではないか、と僕は推測する。

はっぴいえんどは、それが逆だった。ドラマーであり、唯一「作曲をおこなわない」メンバーでもあった松本隆が、大半の作詞をおこなった。彼はこう語っている。

「はっぴいえんどはほとんど、詞先。ほぼ全部っていってもいいくらい」

(〈Groovin'〉一九九九年十一月二十五日号より、インタヴュアーは土橋一夫)

また、書いた詞を誰に作曲させるかという割り振り、つまりディレクションも、松本がひとりで決めていたそうだ。こんな楽曲の作り方をするロック・バンド、僕はほかに聞いたことがない。洋楽においてすら、ただのひとつの例も知らない。それほどまでに、はっぴいえんどはユニークだった、ということだ。

そして、松本が書くその歌詞は「日本語」だった。当初、細野晴臣も大瀧詠一も、日本語詞の導入にはあまり積極的ではなかったそうだ。だから彼らに「歌うべき日本語」を与えた松本こそが、はっぴいえんどが創造すべき「日本語のロック」を、その先頭に立ってリードしていったということがわかる。詩人の言葉がバンドを先導していったのだ。このユニークなシステム、「詞先」で「作曲者は別」の共同作業から生まれた「化学反応」こそが、あの特異な、はっぴいえんどの歌世界を生み出したというわけだ。

七五調と8ビート

では、その特異性を具体的な構造のほうから見ていこう。まず言えることとは、「ロボットがおこなったかのような譜割りだ」ということだ。「譜割り」とは、この場合「歌詞の日本語にどのような音符を与えるのか」決定することを意味する。つまり「どんなリズムで」その言葉を発声すればいいのか決める、ということだ。それがはっぴいえんどの場合、あまりにも規則正しく「そうでしかあり得ない」形におさまっているものが多く、これを僕は「ロボットのようだ」と感じるのだ。

たとえば彼らの代表曲「風をあつめて」。この曲は細野晴臣が作曲を担当した。基本的に全編のほとんどのところで、一拍に二音の日本語が「譜割り」されている。歌い出しなど、ところどころに、シンコペーション的な動きが与えられている。この法則が、あきれるほどに、きわめて「規則正しい」。そして、松本の詞も「規則正しい」ものだ。このころの松本の詞は、愚直なまでの「七五調」のものが多く、「風をあつめて」もそうだった。「語られるべき内容のものが」「固有の一定したスピードで」「停滞することなく、スムーズに前方へと展開されていく」——これが8ビートの上で成立する。こうした譜割りの「まぎれもなさ」こそ、「風をあつめて」が世界中で愛されている理由だ。ぜひあなたも、ローマ字で「Kaze Wo Atsumete」と、PCのブラウザの検索窓に打ち込んでみてほしい。運がよければ、(おそらくは日本語を解していないだろう)外国人が弾き語りでこの曲に挑戦している様のいくつかを映像で見てみることができるだろう。そして整理された日本語と、無二の正確な譜割りから生じる「リズム」の強靭さを、弾き語りからでも容易に感じ取れることを発見するはずだ。

日本語の七五調、あるいは五七調とは、日本語の詩歌にとって数少ない韻律の縛りの最たるものだ。近年これを、「七」や「五」そのままではなく、どちらも「八」ととらえてみることを提唱する声がある。とくに音読してみたとき、「八つのもの」として感じ取りながら発声すると、調子がよくなる、という。「七」の場合は、冒頭かその行の最後に、休符としての「一」がある、として認識し、「五」の場合は、休符が「三」ついて（あるいは、いずれかの音が長く伸びることと、休符を合わせて）、どちらも「八つのもの」として意識してみる、という考え方だ。ではこの「八」を分割して、「二音」が四つのつらなりを作ると考えてみよう。それぞれの「二音」を一拍に乗せる。その拍を四分の四拍子のうちのひとつとしてとらえてみると、当然これは、八分音符を基礎とする「8ビート」、つまり「ロック音楽のビート」と、見事に、数学的に「合致する」……要するにこれが、はっぴいえんどが「発見」した公式だ。「日本語の中にそもそも眠っていた」リズムを「四分の四拍子」としてとらえて、ロックの8ビートの中に解放していくことを実現してしまったわけだ。松本隆が感覚のいいドラマーであった、ということも、彼がこうした日本語詞を書けた理由のひとつかもしれない。

ハードボイルドな歌詞世界

歌詞の内容もまた、特筆に値するものだった。僕が、私が、という自己主張をおこなうものこそがロック（あるいは、フォークそのほか、自作自演曲の要諦）である、という信仰は日本においては根強くある。これはGSへの反発から、逆側へと針が振れてしまったせいなのかもしれない。もしくは、「ブルースの話法」へと傾斜しすぎている状態こそが、ソングライティングへと向かう日本人の中では永遠の多数派なのかもしれない。

しかしこの点でも、はっぴいえんどは、というよりも松本隆は、違った。彼はまず「風景の描写」をした。「描写をするその筆致」をこそ、最も重要なポイントとして、歌の中に刻み込もうとした。「彼の文体」にて、狙いすました写実性を発揮しようとした、と言おうか。あたかもそれは、ヘミングウェイの文体のようでもあった。語尾が「です」なので誤解されがちなのだが、これを「だ」や「である」にしてみれば、一目瞭然で、はっぴいえんどの一部の歌詞が明確なるハードボイルド文学の特質をそなえていることがわかる。「私」をかぎりなく後方へと引き下げること。冷酷なまでの観察眼と写実性にて、「自分の外側」を描こうとすること——これはハードボイルドの思想であり、かつ、カントリー音楽の話法のひとつでもある。チャック・ベリーやジョニー・キャッシュが成功させた手法とも近い。それゆえに、はっぴいえんどが採用すべき音楽性は、アメリカ西海岸のフォーク・ロック「しかなかった」のかもしれない。カントリーの影響大なバッファロー・スプリングフィールドの、大づくりなビート感が、松本の「柄が大きい」歌詞の受け皿として最適だったのかもしれない。はっぴいえんどはこうして、リアリズムにもとづいた、叙情という名のフィクションを、「日本語のロック」の中でハードボイルドに描きあげることに成功した。

かくして、日本のロック音楽の最初にして最大の革命的イノヴェーションは、実現された。それは七〇年のデビュー作『はっぴいえんど』を経て、七一年の『風街ろまん』にてほぼ完成型を見せた。そしてこの翌年、ロサンゼルス録音のアルバム『ＨＡＰＰＹ　ＥＮＤ』を残して彼らは解散する。彼らのキャリアがあまりにも短命に終わった理由のひとつは、「世間の無理解」のせいだったのではと僕は考える。はっぴいえんどは、当時生まれたばかりだった「日本のロック・シーン」からは、賛否相半ばする評価を受けていた。「日本語のロックは是か否か」という有名な論争にも巻き込まれた。近い場所にいる理解者以外には、彼らの革新性がうまく伝わってはいかなかった、という側面があったのではないか。それがバンドの寿命を縮めたのではないか。

はっぴいえんどが成し遂げたことは、たとえば日本の漫画界における手塚治虫にも匹敵するものだ。「日本の漫画」の文法に従っているかぎり、その漫画家は（当人が自覚せずとも）手塚治虫の影響下にある。これと同じことが、はっぴいえんどと日本のロック・アーティストとの関係にも言える。しかし彼らの影響は、そのまま直接的に後進へとつたわってはいかなかった。迂回路と言えばいいのか。「いちどは別の方向へ」とその影響は溶け込んでいって、そこからの反射が、のちほどロック界に作用していった、と僕は考えている。あたかも、奥義が記された「秘伝書」が、いちどは洞窟の奥深くに隠されてしまったかのように。

では、はっぴいえんどの影響はまず最初にどこに「溶け込んで」いったのか？　それは七〇年代の初頭、日本の商業音楽から若者文化のあらゆる領域で猛威をふるっていた「フォークの世界」という洞窟の中だった。

吉田拓郎の革新性

フォーク・ソングは一大産業となっていた。七〇年代初頭のそれは、六九年の「フォーク・ゲリラ」のころとは様変わりしていた。フォーク歌手のレコードが売れただけではない。フォーク・ギターも売れた。フォーク・ソングの歌詞とコード譜が載った書籍や雑誌も売れた。国産ジーンズも売れた。七一年、フォーク歌手、マイク真木の「気楽に行こう」という楽曲をフィーチャーしたモービル石油のＴＶＣＭが話題となった。「モーレツ」だった時代から、よりフリーでイージーゴーイングな時代へ、ということなのか、ＣＭにはモップスの鈴木ヒロミツが俳優として出演していた。彼のファッション（長髪にサンバイザー、丸メガネ、デニムのオーヴァーオール）と近い装いをした男女は世に数多く、彼や彼女らが消費者となる新しい産業があらゆる方向で拡大していった。そのムードは、喫茶店、洋品店、手芸店などといった形をとって、たとえば吉祥寺や清里の一部に今日もなお残存する遺跡を残した。日本では「ニューファミリー」と呼ばれることになる層が、七〇年代当時は現役でこれらを満喫していた。

こうした産業のほとんどすべてに影響を与え、隆盛に導いたスーパースターがフォーク歌手の吉田拓郎だった。日本のロックと彼のあいだには浅からぬ因縁がある。その一端を象徴すると言えるのかどうか、奇《く》しくもはっぴいえんどの前述のアルバム『風街ろまん』と、吉田拓郎の出世作であるセカンド・アルバム『人間なんて』は、同じ年、同じ月だけではなく、発売日までもが同じだった。ときに七一年十一月二十日。はっぴいえんどはＵＲＣから、吉田拓郎はエレックから、どちらも、当時最先鋭だったインディー・レーベルからのリリースだった。そして、吉田の三〇万枚を売り上げたこのアルバムには、のちにサディスティック・ミカ・バンドを結成する加藤和彦がアレンジャーとして、同じく小原礼がベーシストとして参加していた。元ジャックスの木田高介もアレンジを手掛けていた。キーボードの松任谷正隆、ドラムスの林立夫もいた。この二者は、七三年、はっぴいえんど解散後の細野と鈴木とともにバンド、キャラメル・ママを結成する。彼らは荒井由実のデビュー作のバッキングを務め、のちに「ティン・パン・アレー」と名乗る音楽集団となる。

はっぴいえんど解散後、細野、大瀧、鈴木の三人はそれぞれソロ・アルバムを発表した。しかし同時に「裏方さん」としても活動を開始していった。そして彼らが腕を貸す相手とは、おもに「フォーク界」および、そこに隣接する世界だった、ということだ。だからまず、アレンジやサウンドの面で、はっぴいえんどと近いアイデア、彼らの直接的な後継となるものは、「フォークの人々」が実践的に使用していくことになる。吉田拓郎がその代表選手のひとりではなかったか。

後継となったアイデアとは、まずは、当時隆盛を誇っていたアメリカのウェストコースト・サウンドを取り入れることだった。バッファロー・スプリングフィールドのメンバーからつながる、クロスビー・スティルス・ナッシュ&ヤングが大きく、とくにグラハム・ナッシュのアルバム『ワイルド・テイルズ』は、「譜割りが日本語にも合いそう」に思えたのか、各所で参考にされたようだ。バーズ『スウィートハート・オブ・ザ・ロデオ』からの流れでグラム・パーソンズも好まれた。ジム・クロウチや、もちろんジェームス・テイラーもよく研究された。ポコやイーグルスも、言わずもがなだった。総じて、カントリーそのものではなく、現代的に昇華されたカントリー・ロックか、その影響下にあるシンガー・ソングライターの作品が日本のフォーク勢には好まれたようだ。

つまり、「日本のロック」側がはっぴいえんどへの評価を定めかねていた段階で、フォークの側では音楽的な部分でそのエッセンスの上澄みを吸収し、大いに発展していった、ということだ。だから当然、そこにかまやつひろしがあらわれる。吉田拓郎と交流を深めた彼は、吉田の作詞・作曲による「我が良き友よ」を七五年にヒットさせる。松本隆と吉田との接点もある。七七年、吉田がプロデュースした歌手、原田真二が三ヵ月連続でシングル・リリースという派手なデビューを飾るのだが、それらシングル収録曲すべての詞を書いたのが松本だった。さらに七八年、松本は吉田拓郎のアルバム『ローリング30』のほぼ全曲の歌詞も手掛ける。これは松本が盟友、大瀧詠一のアルバムで「ほぼ全曲」の詞を手掛けるよりも先の出来事だった。大瀧とのそれは、八一年の『ロング・バケイション』を待たねばならない。

吉田の革新性は、フォーク・シンガーでありながら、かならずしも「歌詞の自作」にこだわらなかったことだ(だから松本の起用にもつながった)。吉田の人気曲には、元放送作家である作詞家、岡本おさみとのタッグによるものが少なくない。この方法論を、ソロになってからの矢沢永吉が学び、そして自分流にアレンジして取り入れたのではないか、と僕は考えている。また、吉田・岡本のコンビによる他者への楽曲提供も大きな成功をおさめた。とくに印象ぶかいのが、レコード大賞も受賞した森進一の「襟裳岬」(七四年)だが、この成功方程式は、同じく森進一のヒット曲「冬のリヴィエラ」（八二年）にて、松本隆の作詞と大瀧詠一の作曲、というコンビにて再現されることになる。

「ニューミュージック」の誕生

吉田拓郎というイノヴェイターだけではなく、井上陽水など、このときの「フォーク」業界にはヒット・メイカーが数多くいた。彼らはみな、六〇年代末期に急速に成長した「新しいネットワーク」の上に立って活動していた。旧来的な、戦前から続いている芸能界のネットワークと、それは異なるものだった。旧来のネットワークが、たとえばコンサートなどの興行では、やくざとも近しい筋がメイン・プレイヤーとなるものだったとしたら、「新しい」ほうでは、学生組織やその出身者たちが主体となっていた。マネジメントも、音楽出版も、レコード会社ですら、ミュージシャンに近い立場の若い世代が、自らコントロールして動かしていくようになっていた。これが七〇年代に入って、最初にフォーク・シンガーたちに大いなる恩恵を与えた。こうした新しいネットワークのありかたも、のちに矢沢永吉ほか、ロック勢が取り入れていくことになる。

そしてあるとき、「ニューミュージック」という呼び方が世に広まる。この出どころは、山下達郎が在籍したバンド、シュガー・ベイブのデビュー・アルバム『ＳＯＮＧ

S』が七五年にリリースされたとき、帯に書かれていたコピーだったという説がある。そこにはこうあった。「決定‼　ニューミュージックへの道／全ての音楽の進むべき道がここに見えた」――もっともこの呼称は、同作のコピーを考えたレコード・ディレクターの思惑を大きく離れた形で世に広まっていったと考えられる。なぜなら世間で広く認知された「ニューミュージック」なる呼称とは、シュガー・ベイブなどの洋楽的で都会的なポップ音楽をのみ指すものではなかったからだ。吉田ら「フォークの大物」もここに含まれた。ロックも含まれた。キャロルや頭脳警察ですらも、ごく普通に「ニューミュージック」の枠に入るもの、として紹介されてもいた。だからこの言葉、「ニューミュージック」とは、日本におけるフォークもロックも、シティ・ポップもなにもかもを「含むことができる」便利な新語として、七〇年代中盤、一気に世に広まっていった。やっかいなことに。

ニューミュージックの「ニュー」とは、「新しい」という意味だ。つまり「古いもの」があるから、それと比べて「新しい」ということになる。比較対象がある、ということだ。そしてこの場合の「古いもの」とは「歌謡曲」だった。だから、ニューミュージックなる言葉が意味するところとは、とりもなおさず「ニュー歌謡曲」ということにしか、ならない。歌謡曲を相手に、「古い／新しい」ということだけを論点としているのだから、それは歌謡曲と「同じ土俵に立っている」ということにほかならない。つまり誰がどう考えても、これは「歌謡曲的なるもの」の新旧交代というだけのことだった。だからこそ、フォーク勢が「旧来の歌謡曲」を凌駕するだけの売り上げと社会的影響力を獲得したときに、「ニューミュージック」という呼称が一気に広がっていったわけだ。

僕は素朴な疑問を持つ。なぜそのままに「ロック」や「フォーク」という呼称を、日本の音楽産業界は許容することができなかったのだろうか、と。「よし、自分はニューミュージックをやろう」なんて決意する少年や少女が、この世にいるとはとても思えない。ごく普通には、「僕はロックが好きだ」「私はフォークが好きだ」がスタート地点ではなかったか。これらは「実態がある」音楽ジャンル用語だ。日本においてその意味のかなりのところが変形していた、としてもなお、「明瞭なるその出自を示す」名称だった。だからそれを自らのルーツ音楽として認識し、謙虚に学び、先人の轍《てつ》を踏んでいこうとする者は、音楽家とファンの双方に数多くいたはずだ。偉大なるルーツの前で頭《こうべ》を垂れて敬虔な気持ちとなる一方で、自らがその「信徒」であることを誇りの源泉として、胸を張って前を向いて歩いている、そんな感情もあったはずだ。

その者たちの心のありかたを、無造作に踏みにじっては穢《けが》すような行為ではなかったか。「ニューミュージック」なんて、日本にしかない珍妙な和製英語で、彼ら彼女らを十把一絡げに「束ねてしまう」なんてことは。いったいぜんたい、「誰が」そんなことをやりたがったのか？　どこから、そんな動機が生じてきたのか？　地平を覆うようにただひたすらに大きく広がっていくその影の奥には、「歌謡曲による支配」への帰依《きえ》という見えざる大きな欲求が隠れていたのではなかったか。

ニューミュージックという言葉の広がりには、かつて流行歌に代わって「歌謡曲」という新語が提示されたときと、ほぼ同じ構造が見てとれる。庶民の手により自然発生的に世に広がっていった「あれやこれや」を、上から見下ろして「なんらかの新しい名称」にて整理整頓し、束ねてしまいましょう、という意志が——あるいは、明確な意志でないとするならば、「集合的無意識」みたいなものが——どこかで作用していたのではないか。のちに「Jポップ」という、これまた珍妙なる呼称が出てきたときも同様だった。いつだって、「あれやこれや」は、上から突然に「実体の判然としない名称」を与えられ、一束ねにされようとする。束ねたそれを、体制側は取り込んでいこうとする。この場合の「体制」とは、戦前から連綿と続く日本社会の保守的な部分、その反映としての「歌謡曲界」「芸能界」というものだ。ここに「フォーク」すらも見事に取り込まれていったことを象徴するのが、「ニューミュージック」という呼称の一般化だったと言える。

また、そうやって取り込まれても仕方がないほどに、七〇年代に入ってからのフォークは商業性だけが顕著だった。安保闘争の敗北ゆえ、と説明されることもあるのだが、現実への冷厳な観察眼などどこにもなく、なににプロテストすることもなく、芸術的苦悩もなく、ただただパーソナルな体験の表面的な泣き笑いや日本的な情緒を小さく歌ってはリスナーに「共感」を求めるだけの、歌謡曲となんら変わりはない精神性の、だがしかし「若者向けの」歌詞世界ではあるものが多かった。これを指して、(私はそんなものとは違う、という意味で)デビュー当時の荒井由実が造語したのが「四畳半フォーク」だったという。が、その荒井ももちろん、「ニューミュージック」の一部として世間からは理解されていった。

「フォーク」や「ロック」なる名称が、その思想や精神性が、そのまま大手を振って歩くことはまかりならん、と、どこかの秘密会議で決定されでもしたかのように、「ニューミュージック」という大波だけが、勝手になにもかも飲み込んでいった。大雑把に言うと、これが七〇年代の日本商業音楽界のメインストリームで起こったことの一部始終だ。

キャロルの成功物語

逆に言うと、それほどまでに、どこかの誰かが(あるいは集合的無意識が)「束ねなければならない」とあせりを感じてしまってもおかしくないぐらい、いろいろなバンドやアーティストが登場してきたのが七〇年代だった。ロック勢も、レコード・セールスやライヴの動員においてはフォークの後塵を拝し続けてはいたものの、次から次へと、「同時多発的に」新たな才能が姿をあらわし始めていた。

その活況の背景となったものは、なんだったのだろうか？　まず見過ごせない「第一の要素」は、前項で述べた「ロック第一世代」、つまり戦前に生まれ、戦後すぐの占領期にアメリカ音楽に親しんでいた層が、後進世代の育成に本格的に乗り出してきたことだった。たとえば七二年にデビューしたキャロルは、当初、内田裕也がプロデュースしたがったのだという。結局のところはミッキー・カーチスの手によって彼らはデビューするのだが、このとき、「第二の要素」が大きな武器となる。それは「メディア」だった。TV番組『リブ・ヤング！』における ライヴ・パフォーマンスが、彼らのデビューのきっかけとなった。同じく『ぎんざNOW！』への出演が、キャロルの人気を決定づけた。植草甚一の責任編集、初代編集長に片岡義男を擁して創刊されたばかりの雑誌〈宝島〉が、キャロルを大きくフィーチャーした連載も始めた。彼らの成功物語を構成している要素のすべてが、この時代の日本になぜ「数多くのロック・バンドが登場してきたのか」という問いへの答えとなっている。

端的に言うと、機が熟したのだ。五〇年代から地道に積み上がってきた、「洋楽」を摂取するための回路が、ついに本領を発揮し始めたのが七〇年代初頭でもあった。雑誌メディアの力は大きかった。六九年に〈ニューミュージック・マガジン（現ミュージック・マガジン）〉が、七二年に〈ロッキング・オン〉が、七三年には〈宝島〉とすぐに名を改めることになる〈ワンダーランド〉が創刊され、この前後から、数多くのロック雑誌が創刊されていく。こうして「活字から」ロックの情報を得ていく層がまず増加していく。ラジオの存在も巨大だった。六〇年代以来のAMの深夜放送人気も持続していたが、なによりもFM放送の開始が決定的だった。六九年にNHK FMが、七〇年にはFM東京が開局し、洋楽ファンにとって最強の情報ツールとなっていく。海外アーティストの来日公演も増える一方だった。

聴き手が主役となった時代

一連の変化が起こってくる端緒となったものは、映画だったのかもしれない。もちろん日本映画ではない。「洋画」だ。たとえばこのころ、日本人の多くは「ウッドストック・フェスティヴァル」の模様を、映画館で観た。

六九年の八月、ニューヨーク州の郊外で四〇万人が集った「ウッドストック・フェスティヴァル」。多くの日本人がこの史上最大級の野外ロック・フェスの「現物」を目にしたのは、たとえばジミ・ヘンドリックスの鬼気迫るプレイのありさまを視聴することができたのは、ドキュメンタリー映画『ウッドストック／愛と平和と音楽の三日間』の鑑賞を通してだった。この映画の初公開は、日本では七〇年の七月だった。また映画と言うのだったら、日本では「ニューシネマ」と呼ばれた、アメリカの新しい映画作家たちの作品も、六〇年代後半から公開され続けていた。こうしたところから、「カウンターカルチャーとしてのロック」が、その手触りや質量のありかた、社会とのかかわり合いの実例が、遅まきながらも日本に広がっていったのではなかったか。

つまり、すべては「海外のロックの強い影響下」にあったということだ。七〇年代、続々と日本に登場してきた「ロック・バンド」のほとんどすべてが、日本で言うところの「洋楽」を強く指向していた。だから、その情報を入手できる回路が整ってきた段階で、飛躍的な進歩を遂げることになったわけだ。そして注目すべきは、「海外の文物から強い影響を受ける」ということの真なる意味だ。音楽の場合、それは、「聴き手としての自分」の指向性がまず最初にしっかりと定められる、ということを意味する。この指向性を、リスナー体験によって鍛えられた「音楽的自我」と呼んでみようか。こうした音楽的自我を基盤としてそなえた「人格」が、「自らの意志によって」楽器を手に取っていったところ——これがこの世代のバンドを、歌謡曲界の言いなりとなってしまっていたＧＳ世代とは、決定的に違うものにした。音楽的自我をそなえた「聴き手の側」が主役となっていく、新しい時代の幕が切って落とされたのが七〇年代だった。

世相としては、七三年のオイル・ショックは見逃せない。六〇年代から続いていた日本の高度経済成長はついにここで終わる。皮肉なことに、その途端に、ロック・バンドのほうだけは「高度成長」していく。「ワルい若者」も急成長していく。暴走族の隆盛と、キャロルや外道の人気とは、切っても切り離せない。一方で、七六年には〈ポパイ〉が創刊され、「シティ・ポップ」のバックボーンを成していくことになる。

このころ、米英のロック・シーンはどうだったのか。ひとつの貴重な証言がある。一九七五年四月に放送された英BBC2の人気番組〈オールド・グレイ・ウィッスル・テスト〉のインタヴュー映像の中で、ジョン・レノンはこんな発言をしていた。

「(アメリカの) 音楽業界はすごく大きい。何十億ドル規模の産業で、思うに、いまは映画業界よりも大きいんじゃないかな」

たしかにこのころ、ハリウッドは沈滞していた。七五年は、スピルバーグやルーカスといった新世代監督がヒットを連発して業界を「蘇生」させる直前ではあった。とはいえ、(いくら落ちていたとはいえ) アメリカの映画産業をも凌駕しかねないほどまでに巨大化していたのが、この当時のロック・ビジネスだった、少なくともジョン・レノンはそう感じていた、という事実は記憶されるべきだろう。七〇年代中盤、米英のロックはよくも悪くも爛熟しきっていた。もちろん、音楽的にも。

このインタヴューのときのジョン・レノンは、アメリカの永住権（グリーン・カード）を申請中だったため、国外へ出ることができなかった。それもあって、半ば冗談まじりに、イギリスのチョコレートへの偏愛なども主張していた。インタヴュー直前に彼が発表していたアルバムが『ロックンロール』と題された一枚だった。フィル・スペクターを共同プロデューサーに迎えたこのアルバムは、ジョンの原点回帰とも言える内容だった。彼が十代のころに親しんでいた五〇年代の、あるいは六〇年代の、シンプルなロックンロールやソウルの名曲群をカヴァーする、という主旨のものだった。彼のこのアイデアは、直後に世界を震撼させることになる、パンク・ロックの出現をどこか予感していたかのようでもあった。またこの作品は、ジョン・レノンが彼ひとりの名義で発表する最後のアルバムともなった。

パンク・ロックの猛威

一九七七年八月十七日の朝、そのころロンドン郊外の寄宿学校に籍を置いていた僕は、ブライトンまで向かうバスの中にいた。校外学習かなにかだった。バスには同級生と教師が乗っていた。すぐ近くに坐っていたイギリス人のまだ若い男性教師が、鼻の先まで真っ赤にして新聞にじっと見入っていることに僕は気がついた。どうしたのか、とおそらく僕は訊いたのだろう。涙声で彼が答えてくれたことを憶えている。彼はこう言った。

「エルヴィスが死んじゃった」

寄宿学校がある丘から長い坂を下っていった先にある、いちおうの最寄り駅には薄暗い地下道があった。同じ夏、その通路の打ちっぱなしのコンクリートの壁に、「Sex Pistols」と黒いスプレイ・ペイントで大きく乱暴に書かれているのを発見したこともあった。その落書きを僕はポケット・カメラで撮影した。十二歳の僕のすぐ目の前で、このときのロンドンで、パンク・ロックが猛威をふるい始めていた。

パンク・ロックとは、ある種のリバイバル運動だった。五〇年代の初期ロックンロール、六〇年代のガレージ・ロックのような、シンプルでエッジの立った、ソリッドなロックをふたたび手にしたい、とする渇望から生まれたものが最初だったはずだ。ニューヨークで生まれたこの発想やスタイルがロンドンへと飛び火して、そこにファッション・デザイナーやグラフィック・アーティスト、山師などが集結し、現代美術の方法論も加わって、ひとつの巨大ムーヴメントになろうとしていた。エリザベス女王の戴冠二十五周年、つまりシルヴァー・ジュビリーを全国的に祝っていたのが七七年のUKだったのだが、それを真っ正面から愚弄し、侮辱しようとする曲「ゴッド・セイヴ・ザ・クイーン」を発表したのが、僕がその名を壁の落書きから最初に認識したパンク・バンド、セックス・ピストルズだった。

パンク・ムーヴメントは、ほぼリアルタイムで日本にも情報が入ってきていたようだ。これは雑誌はもちろん、そのニュース・ソースとなった、現地在住の日本人が活躍したせいなのだろう。六〇年代半ばの海外渡航自由化以降、日本人のロック・ファンの一部は、留学そのほかの理由をつけては、米英の「ロックがある都市」へと次々に進出していった。ニューヨークにいたそのひとり、レックは日本に帰国後、七八年にフリクションを結成する。彼の周囲にいた同系統のバンドは「東京ロッカーズ」と呼ばれ、ここから日本のパンク・ロックが始まっていくことになる。もちろん日本の芸能界からすると、これもまた「ニューミュージック」呼ばわりすることも可能だったかもしれない。しかし、彼らがパンクの発生を知るのはずっとあとのことだ。七〇年代も後半ともなると、旧態依然とした業界からは捕捉できない場所で、新種の「ロック」が続々と誕生し始めていた。

七七年のロンドンを重要視する狭義のパンク・ロック観から言うと、「オリジナル」パンクは七九年には収束したとされる。代わって隆盛となるのが、ニューウェイヴというムーヴメントだ。パンクによって更地とされたロック音楽の土壌の上で、様々な音楽的実験をおこなっていく、とする考え方に立脚したものだった。これもロンドンから世界中に広がったあと、おもに八三年ごろまで、様々なヴァリエーションを生みつつ、ロックの最新潮流を発信し続けていくことになる。

属するとするならば、この「ニューウェイヴ」の一部ということになるのだろう。「テクノポップ」と呼ばれるニュー・アイデアが、東京にて開発される。これを先導したカリスマがイエロー・マジック・オーケストラ（YMO）だった。はっぴいえんどで時代の先端に立ちながらも、その後は裏方に回っていた細野晴臣が、カタカナ語で言うところの「リベンジ」を、英語の「Payback」を果たしたのがこのときだ。彼が坂本龍一、高橋幸宏とともに結成したこのバンドは七八年にデビューする。そして七九年の『ソリッド・ステイト・サヴァイヴァー』にて大ブレイクしたあと、八〇年代の前半にかけて、日本のみならず世界の一部をも巻き込んだ台風の目となって活躍していく。

第三章　ＲＣサクセションの大成功と「ものづくり大国」

大滝詠一『ロング・バケイション』の達成

七〇年代末のＹＭＯの大成功は、細野晴臣を押しも押されもしないトップ・アーティストの座につけた。はっぴいえんどのデビューから約九年、その解散から数えても七年。ポップ音楽の世界では決して短くはない期間、細野がこれほどまでの成功を手にすることはなかった。もっとも、その間の彼が静かに雌伏していたというわけではない。前章で書いたように、細野はつねに表に裏に、日本のロック、ポップ、フォーク音楽シーンで活躍を続けてきた。個性的なソロ・アルバムも一部で高い評価を得ていた。だが彼が、「小学生にも顔を憶えられる」ようなスターにまでなろうとは、いったい誰が予想できただろうか？

しかし、こうした「予想できかねるようなこと」が連続して起こっていくのが八〇年代初頭の日本だったようだ。日本のロック音楽家たちの身の上に起こった一連の出来事の中には「敗者復活戦」という言葉が相応しいものも数多くあった。音楽家としての芸術的達成はもとより、ちょうど細野がＹＭＯによって手に入れたような、大きな社会的成功をも含んだ、まさに爽快なる「逆転勝利」と呼ぶべきものも多数あった。大瀧詠一が、レコーディング・アーティスト大滝詠一として発表したアルバム『ロング・バケイション』(八一年)もそのひとつだ。

作曲者・ヴォーカリストとして、細野とともにはっぴいえんどのもう一枚の看板だった大瀧も、解散後は地道な活動を続けていた。ソロ・アーティストとしてだけではなく、レーベル運営、レコーディング・プロデューサーとしても彼は数多くの作品を手掛けた。そのどれもが、音楽的造詣の豊かさ、遊び心、マニアックな作り込みの姿勢などを、「一部から高く」評価された。「信者」と呼ばれることもある熱烈なファンをも獲得した。しかしそれはあくまで少数だった。大瀧が自らの作品を「趣味趣味音楽」と呼ぶとき、その少数にして精鋭なる信者たちは大きく首を縦に振って満足げな表情を浮かべたはずだ。

そんな大瀧のアルバムが初めての大ヒットを記録したのが『ロング・バケイション』だった。八一年の夏、日本中の喫茶店や商業ビル、カーラジオや有線放送、もちろん若者の自室のステレオなどありとあらゆるところで、このアルバムの収録曲は再生され続けた。その光景はまるで、寺尾聰の一大ヒット曲「ルビーの指環」と覇を競いあうかのようだった。そして夏が終わり、翌年になっても『ロング・バケイション』は売れ続け、日本レコード産業界に燦然《さんぜん》と輝く驚異的なロングセラー・アルバムともなった。

このアルバムは、はっぴいえんど時代からの盟友、松本隆が一曲を除いてすべての歌詞を書いていた。作詞家としての彼は、歌謡曲やフォーク歌手の楽曲への歌詞提供がヒットにつながった経験はすでにあった。しかし、大瀧詠一とタッグを組んでの成功体験は、きっと格別だったに違いない。アメリカのポップ音楽を日本人が解析して「日本語の歌」として再構築していく、という、大瀧がここで究極の形にまで高めたアイデアの大本はやはり、はっぴいえんどが掲げた理想の中にすでにあったものだからだ。ゆえに、松本にとってもひとつの敗者復活劇だったはずだ。

忌野清志郎の苦難と成功

もちろん、はっぴいえんどのメンバー以外の者にも「敗者復活」の機会はあった。その一例、もしかしたらこっちのほうが「復活」の規模は、V字逆転の度合いは大きかったかもしれない、というのが、RCサクセションの大成功だった。

八〇年に発表したライヴ・アルバム『ラプソディー』がヒット、社会現象となるほどの人気を得た彼らだったが、そこに至るまでの道のりは決して平坦なものではなかった。七〇年、フォーク・グループとしてデビューしたRCサクセションは、長い低迷期を経たあとでメンバー・チェンジ、ロック・バンドとして再出発する。その後にようやく得た成功だった。ヴォーカルの忌野清志郎は二十九歳になっていた。

RCサクセションが最初に所属したマネジメント・オフィスは、「ホリプロ」だった。山口百恵や森昌子を育て上げた、芸能界の大手事務所だ。スパイダース、モップスなど、GS期に異彩を放ったバンドが籍を置いていたこともある。ホリプロの創業者、堀威夫は、五〇年代に小坂一也のバンド、ワゴン・マスターズに参加していた。つまり、和製ロカビリーの時代に端を発する「戦後の歌謡曲界」の保守本流とも言うべき事務所だった。そのせいがあったのか、なかったのか。ここでRCサクセションは不遇のときを過ごすことになる。井上陽水がホリプロから移籍を試みた際に生じた内紛劇の巻き添えとなったせいで、という説が一般的なのだが、ともあれ、あるとき仕事を干された彼らは、レコーディング済みだったサード・アルバム『シングル・マン』もお蔵入りさせられることになる。これはホリプロを離れた直後の七六年にようやくリリースされるのだが、翌年には廃盤となってしまう。

忌野清志郎が歌謡曲を敵視する発言をことさらに繰り返したのは、これら一連の苦難のせいだったのかもしれない。だから真なる敵は歌謡曲そのものではなかった、のかもしれない。その証拠に、坂本九の「上を向いて歩こう」(六一年)のカヴァーから始まって、彼が変名で率いたタイマーズでは北島三郎「兄弟仁義」(六五年)の替え歌の「ロックン仁義」

（八九年）を披露するなど、忌野が「好みの」歌謡曲と親しんでいた形跡は枚挙にいとまがない。「日本のポピュラー・ソング」として、彼の耳に適《かな》うものであったならば分け隔てなく慈しみ、楽しむという、真性の音楽ファンとしての気質が忌野にあったことは間違いない。では彼が戦っていたものとは、なんだったのか？　僕の言葉でいうならば「アメリカで生まれたロカビリーを、『ぱっとしない歌謡曲』にまで貶《おとし》めてしまう」ようなシステム、日本の芸能界の構造ではなかったか。そこに彼は衝突した。勢力範囲の果てすら見えない、「地平線まで覆うような」大きな影との、終わりなき熾烈《しれつ》な闘争こそが忌野の生涯だった。

こうした経緯からの「逆転劇」こそ、ＲＣサクセションが成し遂げたことだった。彼らが初の武道館公演をしたときのエピソードは有名だ。楽屋で乾杯し、打ち上げ気分でメンバーもスタッフも盛り上がろうかというときに、忌野清志郎ただひとりだけが帰り支度を始めたのだという。もう帰るんですか、と訊いた人に彼は答えた。「いや、銭湯が閉まっちゃうからさ」——つまりこの時点の忌野は風呂なしのアパートに住んでいて、ライヴで汗だくになったまま床につくのは嫌だったから、早く帰りたがったのだ……というストーリーだ。

どこまでが本当の話かはわからない（だって、武道館にシャワー室はあるだろう？）。しかし、ファンはこのエピソードを愛した。まだ「男の化粧」が珍しかった時代に、真っ青なアイシャドウを塗って髪を逆立てた忌野の容姿と、そこから発散される「日本語のロックンロール」の痛快の裏に、「バンドマンかくあるべし」とでも言うべき、誠実と刻苦の痕跡を少年少女たちは見た。そしてこうした一種のペーソス込みでのロマンチシズムを「日本語のロック・ソング」に縫い込むことにかけて、ＲＣサクセションの右に出る者はいなかった。

たとえばその美質は、人気曲「スローバラード」で十全に発揮された。市営グラウンドの駐車場に停めたクルマの中、毛布にくるまって一夜を過ごした「あの娘」と主人公のふたりの姿が描かれる。彼女は眠っている。主人公は目を覚ましている。夜露が窓をつつんで、カーラジオからはスローバラードが流れてくる。主人公は思う。「悪い予感のかけらもないさ」というのが、この歌のエモーションのピーク地点における一行だ。だからこんな譜割りになる。「わ・る・いぃ—よ・か・んのー—か・け・ら・も—なぁ・いさあ・あー」——そして聴き手の誰もが、「歌詞には直接的には歌われていない」けれども、確実にこの歌の背景となっている実感のひとつを、感じとることになる。ああ、じつはこの主人公にはそもそも「いい予感」なんて、なにひとつなかったんだな、ということがわかる。主人公は強がりを言っているだけなのだ。空元気《から》を呼び起こしているだけで、明日をも知れぬ身の上なのだ。しかし主人公は、「悪い予感はしないんだから、（これ以上は）悪くはならないかもしれない」という、きわめて消極的な否定によって、未来へのか細い希望をかろうじてつなごうとする。「あの娘のねごと」を聞きながら、ひとり、ただただその言葉だけを、護符に記された呪文を詠唱するかのように繰り返す……「スローバラード」とは、およそこんな内容の一曲だった。そこにはチャック・ベリーのような「リアリズムと描写力」があったことはもちろん、ジョン・レノンらが七〇年代に発展させていった、音楽家がパーソナルな心象を「歌の物語」の中に仮託していくという、私小説的な文学性までもが、「正確な日本語」のもとで瑞々《みずみず》しく脈動していた。だからこの歌の世界は、彼らのファンにとっての心象風景ともなった。「スローバラード」を収録したアルバム『シングル・マン』はいちど廃盤となったのち、「ロック化した」RCサクセションの人気上昇を追い風に、こんどは一転して「復活・再発売」される。七九年にまず限定盤として、そして八〇年には通常盤として再々発売されて、ロングセラーとなった。

七〇年代の矢沢永吉の成功に続き、八〇年代初頭のRCサクセションの成功が、日本におけるロックのサクセス・ストーリーの典型例として多くの人々の脳裏に刻まれていった。そこには、「矢沢流」「忌野流」とも呼ぶべき、きわめて独自性の高い「一家一流」の歌唱法の屹立《きつりつ》が大きく貢献していた点も見逃してはならない。彼らに感化されてロック・シンガーを目指した者は、矢沢か忌野の「流派の芸」を模倣するところから始めた。長じては自らのアレンジを加えた、「自分オリジナル（のように思える）歌唱法」を模索していった。そして見つけた「自分らしい」歌唱法が、こんどはその者の「家の芸」となった。しかし、矢沢や忌野の歌唱に影響を与えた先達や、彼らのオリジンとなった「洋楽の」音楽家や楽曲へと遡って学習を深めていく者は、ほとんどいなかった。かくして、独立系のラーメン店におけるオリジナリティにも酷似した、「俺（や私）流」のロックを奏でるシンガーやバンドが、八〇年代の中盤あたりから、ものすごい速度で増えていくことになる。

最も巨大な「敗者復活」

もっと壮大な敗者復活劇もあった。セカンド・チャンスを与えられた主役中の主役は、じつは日本国だった。敗戦から八〇年代に至るまでの道のりのすべてが、まるでひとつの歌のストーリーのようなドラマを構成していたのかもしれない。国家総動員体制の名のもとに、国力と歴史のすべてを賭けた大勝負に出て、それに無条件降伏という敗北で幕を引いたのが日本だった。「焼け跡からの復興」こそが戦後の日本人に与えられた最初の「ストーリー」だった。そして、八〇年代には「ついに敗者復活は成った」かのように感じた日本人が少なからずいた。

七九年、アメリカの社会学者エズラ・ヴォーゲルが著した『ジャパン・アズ・ナンバーワン』という一冊の本がハーヴァード大学出版局より発行される。不自然なほど早く、アメリカ版発行のわずか一ヵ月後には邦訳版が日本発売される。日本式会社経営の優位性を礼讃するものだとして、日本でのみこの本は大ヒットを記録する。そして八九年の一月、『「NO」と言える日本』と題された書籍が発売される。著者はふたりいた。ソニーの会長だった盛田昭夫と、作家で政治家の石原慎太郎だ。つまり七九年から八九年まで、八〇年代いっぱいのあいだの日本には、自画自賛の気分が醸造されては蔓延していくような状況があった、ということだ。実業家から政治家、会社員、学生、当時の言葉で言うフリーアルバイターに至るまで、まるで空気のようにその「気分」を身にまとっていた。

アメリカの豊かさを上目づかいに見ながら、灰燼《かいじん》の中から立ち上がっていった日本人の一部、あるいは、その子孫の一部は、「日本はもうアメリカより上なのではないか」と、ごく自然に感じられるようにすらなっていた。

そんな中「ニューミュージック」という言葉が、空中分解してしまう。

駆逐された歌謡曲

ニューミュージックという言葉がマスメディアの中から消えていった時期については、諸説ある。八二年あたりから、あたかも潮が引いていくかのように徐々に消滅していった、とするのがどうやら主流であるようだ。退潮が始まった理由としては、このころ

「ニューミュージックが音楽産業界の主役となってしまった」からだという。たとえばYMO、大滝詠一など、かつてならばニューミュージックとカテゴライズされたジャンルが、レコード売り上げの総数で歌謡曲を凌駕してしまったのがこの時期だった。さらに大きかったのが、「歌謡曲もニューミュージックになってしまった」ことだ。

たとえば、八〇年代の歌謡曲界を代表するヒット歌手である松田聖子の楽曲においては、松本隆は一〇〇作を超える数の歌詞を提供している。それらの詞に曲をつけた面々の中には、大瀧詠一、細野晴臣、ペンネーム「呉田軽穂《くれたかるほ》」での松任谷（旧姓・荒井）由実などが名を連ねていた。つまり、これらの楽曲が実質的には「ニューミュージックの方法論と感覚」で作り上げられたものだったことを示している。まさに「新しい」歌謡曲だったわけだ。もっともこんな芸当はやれて当たり前だった。最終的な落としどころが「歌謡曲らしい」ものであったとしても、それが米英のポップ音楽の影響下にあり、８ビートを基本とする歌曲であるならば、「はっぴいえんどが発見した公式」こそが最も模範的な解を引き出せるものだったからだ。かくして、古典的な語り口調の歌謡曲は駆逐されていく。「ロカビリー」と「剣法」を、なんの苦もなく合体させられたような素朴な感覚は、言うなれば、七〇年代までの「歌謡曲らしい歌謡曲」は、商業音楽界から消え去っていく。徐々に、しかし確実に「歌謡曲」という概念の存在感すらも低下していく。このころ、歌謡曲の言い換えとして、日本のポップス、という呼び方もときには使用されていたようだ。

そうやって、音楽業界の勢力図の変化とともに、歌謡曲の制作方法や構造の変化も重なって、「世の中がぜんぶニューミュージック」のようになっていった。だからニューミュージックという言葉は、その価値や概念を誰も意識する必要がないものとなって、姿を消していった。虚空へと雲散霧消していった。

一方、RCサクセションの成功によって、つまり、それまでの「ニューミュージック」の概念から逸脱しつつ、明瞭に「我々はロックだ」と主張するスターの登場によって、八〇年代、「日本のロック」は明らかに活気づいていった。ただし、「日本の」という形容は、往々にして省略されることが多くなってくる。つまり、こういうことが一般的な前提とされるような時代が始まったということだ。

「日本人は、日本人が作って日本語で歌われた音楽だけを聴いていればいい」

それが「ロック」であるならば、日本人が日本語で歌っているものだとしても、五〇年代のアメリカにまでひとまずのルーツを求めることができるのだ——という、国際的な共通言語へと通じる道筋への認識が、「音楽ファン」のあいだから目に見えて薄れていったのも、八〇年代だった。これも「ジャパン・アズ・ナンバーワン」といった意識の影響から、だったのだろうか。そんな中、広義の「ロック」の成功例が頻発してくる。渡辺美里、中村あゆみ、尾崎豊ら、続々とデビューしてきた、もはや「ニューミュージック」とは呼ばれることもない世代の彼ら彼女らは、八〇年代中盤にかけて大きなヒットを飛ばしていく。

英米ロックの蘇生

英米のロック音楽がこの時代どのような推移を辿っていたか、概況を記しておこう。八〇年代初頭はまさに「ニューウェイヴ」の時代だった。七〇年代終盤のパンク・ロックの大爆発は、「そのときに隆盛だったロック」のほとんどすべてを、「オールドウェイヴ」のひとことで切って捨ててしまった。ジャンルで言うと、プログレッシヴ・ロック、ハード・ロックなどがおもな批判の対象で、髪が長いこと、曲が長いことなどが、パンク・ロック・ファンからとくに忌み嫌われた。あたかもパソコンをいちど「初期化」するかのようなムーヴメントがロック界を吹き荒れていった。

このとき、歴史に残るひとことをつい「言っちゃった」のが、イギリスのロック音楽家ジョン・ライドンだった。彼は「ジョニー・ロットン」の名でセックス・ピストルズのヴォーカリストを務めていた人物で、脱退後、パブリック・イメージ・リミテッド（ＰｉＬ）というバンドを結成していた。ポスト・パンク、つまり広義のニューウェイヴ・バンドだった。七九年、セカンド・アルバム『メタル・ボックス』発売直後に受けたインタヴューの中で、彼はこんなことを言ってしまう。

「ロックンロールなんてくそくらえ。死んでんだよ（Fuck rock 'n' roll. It's dead）」（〈*ZigZag*〉一九七九年十二月号より、インタヴュアーはクリス・ニーズ）

ピストルズとＰｉＬの音楽性の違いについて質問された流れの中で、ライドンがかつての同僚スティーヴ・ジョーンズを非難し始めて、出てきた発言だった。しかしなにしろ、「言った人が言った人だった」がために、大きく世に広まっていくことになる。あのジョン・ライドン（ジョニー・ロットン）が、パンク・ロックの先駆者が、永遠なる悪魔的な芸術の革命児が「ロックの終焉を宣告した」のだ、と。

そして不思議なことに、ここから「ニューウェイヴ」ロックの隆盛が本格化していく。八〇年代に入ると英国勢がアメリカ市場でもヒットを連発、「第二次ブリティッシュ・インヴェイジョン」と呼ばれる現象となる。第一次は、もちろんビートルズやストーンズやザ・フーが登場した六〇年代前半だった。英国勢の影響を受けて、アメリカのロック・シーンにも続々と「新しい」感覚を模索するアーティストが増えていく。これも六〇年代以来のことだった。つまり八〇年代に英米のロックは蘇生し、フレッシュな再スタートを切っていくことになったわけだ。なんとも皮肉なことに。

音楽的側面から見てみよう。パンク・ロックが「原点回帰」だったと僕は書いた。ニューウェイヴは、その上で「異種混淆《こんこう》」を盛んにおこなった。クラッシュやライドンのPiLなどが率先してレゲエを取り入れた。ダブとスカもほぼ同時に流行した。ファンクやヒップホップ、アフリカ音楽のリズムも取り入れた。いわゆる「ワールド・ミュージック」という概念が広まったのもこのころだ。ブラジルやカリブ海、アラブや東南アジアのポップスの「エスニックな」音楽性もどんどん取り込まれていった。過去も回顧された。六〇年代や五〇年代のロックは当然として、ロック以前のポピュラー音楽、たとえば二〇年代のチャールストンからスウィング、バップ、あるいはクラシック音楽の室内楽、ワルツやポルカまでもが取り込まれた。あるいは回顧の方向を変えてアパラチアン・フォークからブルーグラス……なんでもありだった。ネオ・ロカビリーは一大勢力になった。

日本製ハードウェアの貢献

こうした様々な音楽性を「導入」した上で、八〇年代的なポップ音楽に仕立て上げるには、楽器編成を「シンプルなロック・バンド」以上のものにする必要性が往々にして生じた。ホーン・セクションやパーカッションの導入など、いろいろなアイデアが実践された。最も手っ取り早い方法が「シンセ・ポップ」となることだった。八〇年代はシンセサイザーがアンサンブルの華として活躍した。なかでも、日本のヤマハが開発したシンセサイザー「ＤＸ７」は、当時としては画期的な高性能にもかかわらず低価格だったので国際的に大ヒット、この時代の「サウンド」を象徴する名機となった。

日本企業がハードウェア面で貢献したポップ音楽のスタイルが、立て続けに世に出てきたのも八〇年代の特徴だった。この時代に大きく躍進していったアメリカ産のヒップホップも、ＤＪが駆使するターンテーブル（レコード・プレイヤー）は、テクニクスのＳＬ－１２００のＭk2が、誰もが認める最高のスタンダードとして愛用された。だから世界中の人が「日本製のターンテーブルから」生み出されたスクラッチ・サウンドを聴いた。ローランドのリズムマシーン、ＴＲ－８０８や９０９、ＴＢ－３０３からダンス音楽のテクノやハウスが生み出された。ＡＫＡＩのサンプラーなしには九〇年代初頭のヒップホップ・トラックは生まれ得なかった。特筆すべきは、これらの日本製機材の「使用方法」の多くは、メーカー側が当初想定していたものとは「かけ離れていた」ということだ。当たり前だが、回転中のレコード盤を手で押さえ「盤だけを逆回転させたり進めたりして、その音を針で拾わせる」ことを容易にするために、テクニクスはダイレクト・ドライヴの太いトルクをターンテーブルに与えた、わけではない。たまたま、優れた機能と優れたデザインの機材が、そこにあった。そして海外の「ユーザー側が」自由な発想で、勝手に不正規な使用方法を思いついた。まさにそんな「ひょんなところ」から、幾多の音楽的革新が成されていったわけだ。家電製品を作るという意味での「ものづくり大国」日本としては、少なくともポップ音楽との関係性で言えば、八〇年代が最も文化史的に貢献できた時代だったのではないか。ここで世に出した数多くの「モノ」は、その後もヴィンテージ機材として世界中の好事家に愛されていくことになる。

ブルーハーツの日本語ロック

そして、これらの多種多様な音楽的革新、ニューウェイヴからダンス音楽、ヒップホップ、さらには「日本製の機材の『自由な』使用法」のアイデアまでもが、すべてリアルタイムで、日本へと流入してくる。そしてそれを、まずは「リスナーとして」とらえ、そこから培われた「音楽的自我」をもとに、自分自身の音楽へと変換する者も増えていく。これらが日本のパンク・ロック、ニューウェイヴの基層を成していく。そしてさらに、のちには海外で「ジャパノイズ」として畏敬の念をもって迎えられることになる、音響芸術の極北に位置する日本のノイズ／アヴァンギャルド音楽の動きも活発化してくる。

とはいえ、ここでもまた、新たなる二重構造が生じてきたことは否めなかった。「洋楽を聴く層」と「聴かない層」の分断だ。両者のあいだの、あたかも氷山に生じたクレバスのような亀裂は、かつてないほどに深まっていく。

八〇年代の日本で最も極端に増加していったのは、「日本語のポップ音楽のみを聴く層」だった。だから「日本語のロックを少し聴いただけで、自分でもロックを始めてしまった」というバンドこそが、ものすごい勢いで増えていく。まるで六〇年代のエレキ・ブームの再来であるかのように。そしてそれは、八〇年代の末期に「バンド・ブーム」と総称される現象となっていく。決して「ロック」ブームではなく。

ここで決定的な役割を果たしたのが、ブルーハーツだった。英米のパンク・ロック、パブ・ロックなどに造詣が深いヴォーカルの甲本ヒロト、ギターの真島昌利は、言うなればちょうど、はっぴいえんどと忌野清志郎、その双方の影響を正しく継承しながら、新しい世代に向けての「日本語のロック」を創造することに成功していた。はっぴいえんどの「8ビート認識」の基本は一拍二音だったのだが、ブルーハーツは一拍一音なども織り交ぜながら――つまり緩急自在の――「親しみやすい」口調のロック・ソングを生み出した。たとえば「人にやさしく」(八七年)や「リンダリンダ」(同)などでの言葉とリズムの関係性などが典型だ。こんな手応えの「日本語の歌」と、威勢のいいパンク・ロックを合体させたバンドはそれまでにいなかった。だから彼らは大スターとなり、「バンド・ブーム」の誰も彼もがブルーハーツの真似をした。

そして昭和が終わる。

バンド・ブームと「冷戦の終結」

一九八九年一月、昭和の終焉とともに歌謡曲も終わった——これは作詞家として一世を風靡した、なかにし礼の言葉だ。彼の著作『歌謡曲から「昭和」を読む』（ＮＨＫ出版新書、二〇一一年）には、こうある。

「歌謡曲と称する歌がなくなったわけではないが、歌謡曲がもっていた枠組み、すなわち、さまざまなジャンルの音楽を包含し、ヒットをねらって売り出される商業的歌曲というものの実態が消滅した以上、歌謡曲の時代は終わった。あとに残るのは、細分化された、せまいコミュニティのなかでのみ熱狂を呼ぶ音楽である」

なかにしによると、なによりも流行歌である歌謡曲は、不思議なことに「昭和」という時代の始まりとともに存在が明確化して、昭和天皇の崩御とともに「消滅」していった、のだという。もしもその後、歌謡曲畑に出自を持ちながらも生き長らえているものがあるとするならば、サブジャンルとしての「演歌」だけであり、歌謡曲の全体像と等号で結ばれ得るものではない——彼はそう書いていた。

たしかに、八七年七月の石原裕次郎、八九年六月の美空ひばりと、日本の芸能界の礎を築いたスーパースターも昭和の終焉と歩を合わせるかのように世を去っていった。八九年二月には手塚治虫も他界した。そんなときに書店に山積みされていた、『「NO」と言える日本』は、ことのほかわびしく白々しいものとして僕の目には映った。

新しい元号は「平成」というものになった。そして八九年の二月、早くも番組名に新元号を取り入れた深夜TV番組『平成名物TV』がスタートする。この第一部が、三宅裕司の司会による『いかすバンド天国』だった。勝ち抜きバンド合戦であるプログラムは人気を呼び、九〇年末まで放送されるあいだに、数多くの出場者を有名にしていく。「バンド・ブーム」の象徴とされるこの『イカ天』が放送されていたころ、たとえば渋谷のセンター街を歩いてみれば、十分と経たないあいだにラバーソールの靴を履いた若者数人とすれ違ってみることすら可能だった。当時、「ビート・パンク」と呼ばれる和製ロックのスタイルを好む者がよく履いていたのが、〈ロボット〉や〈ジョージ・コックス〉のラバーソールだった。だからこれらを履いた者のうち三分の一ほどは、ギターやベースの楽器ケースを肩にかけていた。誰も彼もが「バンド」をやっていた。まさしく、なかにし礼の言う「細分化された、せまいコミュニティのなかでのみ熱狂を呼ぶ音楽」の動く典型例が、渋谷や原宿の街じゅうにいた。

これもその「典型例」だったはずだ。しかしそのバンドは、なんとも不思議なことに、なかにしが歌謡曲の元来の特質として言う「さまざまなジャンルの音楽を包含」することを、まるで唯一の本能であるかのように繰り返していく、という習性があった。

そのバンド、フリッパーズ・ギターは、平成に入った初めての夏にアルバム『Three Cheers For Our Side～海へ行くつもりじゃなかった』でデビューする。そしてメンバーを五人からふたりへと減らしたのちに、さらに二枚のアルバムを重ね、九〇年代に入ったとたんの九一年には解散してしまう。八〇年代の豊かさを享受した子供たちが、バンドを結成して世に出てくる時代の幕開けを告げたのが彼らだった。あたかもそれは、「従来の日本にはいなかった」新しい意味での貴族たちが遊興する、ひどく短い夏の始まりを高らかに宣言するかのようなものではなかったか。

永遠に続くかのように思われていた、あるいは「世界が終末を迎えるまで」は、このまま続くのではないか、とすら感じていた――これは僕は、「昭和」という時代を指して言っているだけではない。東西両陣営の冷戦をも指している。それすらも、ここで、終わった。八九年十二月のマルタ会談、ソヴィエト連邦のゴルバチョフ最高指導者とアメリカ合衆国のジョージ・H・W・ブッシュ大統領が共同で「冷戦の終結」を宣言した。

日本の「戦後」のアウトフレームを形作っていた枠組みが、このとき消えてなくなった。それはとりもなおさず、冷戦初期に生を受けた「ロックンロール」の成立基盤も、溶けてなくなってしまったことを意味した。

一九九〇年代〜第一期総決算のディケイド

第四章　「渋谷系」の興亡とJポップによる支配

終末感が消滅したあとの「軽さ」

九〇年代は、冷戦が終わった直後のエアポケットのような状態から幕を開けた。そこには不気味な軽やかさがあった。足場のない、空っぽな、まさに中空に浮かんでいるかのような「軽さ」は、とくに日本において顕著な「時代の雰囲気」だった。これは八〇年代の世相とは逆側に針が振れたことを意味していた。つまり八〇年代の、いや、「八〇年代までのポップ文化のすべて」をいちど総括してみるかのような特殊な季節が九〇年代だったということだ。「九〇年代のポップ音楽」が世界で成し遂げたことも同様で、日本でも同じ流れの中に位置する動きはあった。これが「渋谷系」だった。

ゆえに、九〇年代の日本のロック音楽を正しく理解するためには、「軽さ」に至るまでの反発を生じさせた起点の正体、つまり八〇年代における「重さ」の正体を知らねばならない。本章では、ポピュラー文化と関連する部分からその実態へと接近してみたい。冷戦に端を発する「重さ」というものの実態に。

東西冷戦が地球規模で本格化し始めた五〇年代からずっと存在してきたこの「重さ」は、八〇年代には、誰の目にも明らかな、時代の通奏低音にまでなっていた。これが根本的に解消される、という、歴史的一大転換点が八〇年代末に訪れるまで、その「重さ」は徐々に質量を高めながら、人々の肩の後ろにつねにのしかかってきた。八〇年代に入ったころには、すでに、この重量は人類の歴史の終わりを直感させるほどのものともなっていた。ゆえに奇妙なねじれ現象が生まれていた。

たとえば、「世紀末」という言葉は、ごく普通にはひとつの世紀の最後のディケイドを指すものだ。だから字義通りならば、世紀末的退廃やら鬱屈やらは、九〇年以降に本格化していくべきだった、のかもしれない。しかしそうはならなかった。すでに先取りされていたからだ。「聖飢魔Ⅱ」という名前のバンドが八二年の日本で結成されてしまうほどに、八〇年代のほうが九〇年代よりもずっと濃密に世紀末だった。終末時計がいまにもカウントを終えようとしていることは、世界中の誰もが知っていた。八〇年代、米ソ二大国の終わらぬインディアン・ポーカーの賭け金が、ほぼ限界にまでレイズ（ポーカー用語で、他のプレーヤーが賭けた金額をさらに吊り上げること）されているということを、観衆たちは感じとっており、それが耐えがたいほどの重苦しさへとつながっていた。

人々は、終末核戦争について想像した。それは誰も一笑に付すことなどできない、裏付けのある恐怖だった。「核戦争後の未来」を描いた娯楽映画や漫画などが、西側諸国では数多く生産され、映画ならオーストラリア産の『マッドマックス2』(八一年)などがそのイメージを決定した。こうした世界観と表裏一体を成すようなポップ音楽の国際的ヒット・ソングも多かった。アメリカのプリンスの「1999」(八二年)や、イギリスのフランキー・ゴーズ・トゥ・ハリウッドの「トゥー・トライブス」(八四年)などが代表例だ。終末戦争の恐怖を借景として、「だからこそ」今宵は踊ろう、とするような意識やテーマ設定がそれらの楽曲に共通する特徴だった。切羽詰まった刹那《せつな》的な衝動、とくに「逃避への衝動」は、容易にセンチメンタリズムへと連結された。これが八〇年代の表層的な「明るさ」の源だった。

つまり「能天気で明るかった」と評されることも多い、八〇年代ポップ文化の内実とは、恒常的な「不安」の重みと圧力から生じた反作用だった、ということだ。人々の真なる共有財産とは未来への希望などではなく、その逆だった。どうあっても決して拭い去ることができない重苦しい「終末感」がときに反転して、ヒステリックな高笑いや馬鹿騒ぎ的な態度を生起せしめたわけだ。こうしたメカニズムは、ゲイ・ディスコから発展してきたダンス音楽が、八〇年代に国際的なポップ音楽の最前衛となっていったこととも一脈通じている。

梯子を外された日本のロック

前章で書いたように、日本にはこれら英米の「八〇年代的な」音楽のほとんどすべてがリアルタイムで流入してきていた。だから「終末感」も、ある部分は共有されていた。とはいえ、いかにも「切羽詰まって」はいなかったのが、この時代の日本だったと言うべきだろう。たとえば英米のロックを覆い尽すような「具体的な不安の表象」は、日本においては、「実態のよくわからない、なんともいえない不安」へと、輸入の段階で自動的に翻訳変換されてから広められた、かのようだった。もっとも、日本における「ぼんやりとした」不安であったとしても、ときには明確な社会的・政治的なステイトメントへと結びつくこともあった。

八〇年代の日本のロック音楽家が最も熱心に声を挙げたのは「反原発」で、その動きはチェルノブイリ原子力発電所の事故（八六年）を機に大きく広がっていった。ＲＣサクセションのアルバム『カバーズ』（八八年）、ブルーハーツの楽曲「チェルノブイリ」（同）などが代表例だ。しかしこれも、イギリスのＣＮＤ（Campaign for Nuclear Disarmament）、日本では「核軍縮キャンペーン」と名前を訳される同団体などと比較すると、問題提起の内容も方向性も大きく異なっていた。CNDが反対するのは原発だけではない。核兵器の廃絶こそが本道だった。五八年に設立された同団体の活動は、八〇年代に一層活発化していった。そこには同国のロック音楽界も深くかかわっていた。たとえばイギリスを代表する野外ロック・フェスである「グラストンベリー・フェスティヴァル」は、八一年の定期開催決定後は、イベントの趣旨のひとつを「CNDの活動資金を得ること」だとしている。また音楽家も、八〇年代のこの時期、イギリスのパンク／ニューウェイヴ勢などの多数が積極的にCND支持を表明していた。こうなった背景には、「冷戦の激化」そのものがあった。ソ連の中距離核ミサイルの脅威に対抗する、という名目のもと、同種のミサイルを西欧に配備することを七九年にNATOが決定。サッチャー英首相はバークシャー州のグリーナム・コモン米軍基地への巡航ミサイル配備を許可する。これにより、西ヨーロッパ全域、もちろんイギリスもまた限定核戦争の恐怖に直面せざるを得ないことになる。まさに一触即発の情勢となり、多くのイギリスのロック音楽家はCNDとともに立ち上がることを選び、「いまそこにある」と思える危機に対応した。

日本の危機は、イギリスほどには「いまそこには」なかったのか、どうか。実際のありなしはさて置いて、「あるとは思えなかった」ということだけは間違いないだろう。政治・社会問題に対する「鋭敏ではない」態度について、日本のロックは年季が入っていた。「ノンポリ資本主義」こそが日本のロックの主流思潮だったからだ。GHQに「オキュパイ」されていたころから、日本では「カネ持ちの親に用意してもらった、子供部屋のような場所の中で遊んでいること」が最重要視されていた。そして八〇年代に、その姿勢はほぼ完璧と言っていいほどの高いレベルにまで到達しきっていた。

背景にあるのは、言うまでもなく「日本社会の経済的繁栄」だった。「一億総中流」とする意識を持つことをも可能とした、「史上最も成功した社会主義」とも評された独特の会社中心主義システムによって、八〇年代の日本は、国家と民族が歴史上いちどたりとも経験したことのない空前の規模の豊かさを手にしていた。だからもちろん「子供部屋」は、かつてないほどの充実ぶりを見せていた。ついアメリカに「NO」と言いたくなってしまうほどに。

が、冷戦終結の道筋が見えてきた途端、日本を取り囲む様相は一変する。昭和が終わり、件の『「NO」と言える日本』が出版されたのと同じ八九年、アメリカの要望によって日米構造協議の第一回目がおこなわれる。「冷戦後の国際秩序」を睨んだ、アメリカのこの果断かつ迅速な行動が真に意味するところについて、もちろん日本のロック音楽家もファンも、まったくなにもわかってはいなかった。日本のロック音楽にとって、冷戦の終結とは、子供部屋がなくなってしまうことと同義だったのだが。

こうして日本のロックは、突然に梯子《はしご》を外される。「それまで、どこに上っていたのか」を自覚することもないままに。また同時期に、日本の長過ぎた戦後復興の最終結果だったとも言える「バブル経済」も弾けて消えた。日本のありとあらゆるシステムが、ものの見事に崩壊の一途を辿っていった。

とはいえ、一夜にしてすべてが崩れ去ったわけではない。物理法則どおりに、規則正しく放物線を描いて落ちていったのだとしても、地表に達するまでにはまだしばしの時間的余裕があった。つまり「それほどまでに」、八〇年代が終わるまでのあいだに、日本社会に、あるいは日本のロック界に蓄えられた「豊かさ」というものは、尋常な量ではなかった。ゆえに、九〇年代にはとても不思議なことが起きた。

それは沈みゆく泥舟の中で飽食に耽るようなもの、だったのかもしれない。冷戦の時代にはいちおうあった「曖昧な」不安すらも消えてしまったため、「快楽のみの追求」という、ノンポリ資本主義者としての地金がより剝き出しになっていった、のかもしれない。アメリカだけがひとり勝ちしていったクリントン政権下の好況の影響を、文化風俗的にだけは（例によって、また）リアルタイムで感応してしまった、のかもしれない——僕がなんの話をしているのか、というと、これらはすべて「渋谷系」のことを言っている。

僕が見た渋谷系

渋谷系という言葉を僕が最初に耳にしたのは、九三年の春ごろだった。たぶんそれは、九五年あたりまでは、ある程度の実態がともなっていたのではないか、と感じる。「感じる」と書くのは、こと「渋谷系」にかんしては、渦中だったか周縁だったのかはわからないが、実質的に関わっていたという自覚が僕にはあるからだ。九三年、自分で出資して始めた雑誌〈米国音楽〉と、そこから派生したレコード・レーベル（カーディナル）を通じて、僕はこのシーンに属する音楽家たちと関係を持った。彼ら彼女ら、あるいは僕が当時やっていたような活動は「インディー」レーベル、「インディー」マガジンと呼ばれることが多かった。これは英語の「Independent」の略だった。そしてこの対義語がなぜか「メジャー（Major）」だった。

普通ならば、「メジャー」の反対は「マイナー（Minor）」でいいはずだ。だからまるで、日本人の間違った英語使用法のように思える、かもしれない。しかし、これは音楽業界では国際標準にのっとったもので、「メジャー・レーベル」と逆の位相にあるものは「マイナー」ではなく、あくまでも「インディー・レーベル」ということになっている。「大手（Major）」の対義語が「独立系（Indie）」となる、この特徴的な言葉遣いがなぜ音楽業界で一般化したのかについては、アメリカのプロフェッショナル・ベースボール界を参照してみるとよくわかる。そこでは「マイナー」チームとは、「メジャー・リーグ」球団の傘下にあるものをまず指す。日本では二軍と呼ばれるような存在に近い。だがこれとは「まったく別の」リーグがアメリカにはいくつもあって、「インディペンデント」リーグと呼ばれている。音楽界で使用される「メジャー／インディー」の区分とその対峙の図式は、ほぼこれに準じている。つまり「インディー」であることは、まず最初に「メジャーが支配する社会」の主流を成す規範や価値観には属さない、ということを意味する。すなわち「オルタナティヴ（Alternative）」である、という意味にもなる。九〇年代前半にアメリカのロック音楽界を席巻した「オルタナティヴ・ロック」と、言葉遣いとして同じ意味だ。従来の常識とは違う「別種の」考え方やネットワークが、「大資本からは独立して」存在し始めていたことを示すのが「インディー」という言葉および概念の浮上だった。そして日本においてこれを実践していた人々のうちのひとつが、渋谷系だった。

では渋谷系は、なにに対しての「オルタナティヴ」だったのか？

日本の芸能界に対して、それが作り上げてきた音楽産業の全体に対して、「ニューミュージック」を経由して歌謡曲へと回収されていった「かつての日本のフォークやロック」の大半に対して、さらには八〇年代末期に猛威を振るった「バンド・ブーム」に対しての、「オルタナティヴ」だったことは間違いない。既存の日本の音楽雑誌も、評論家も、まったく頼りにはしていなかった。端的に言って、「自分たちのネットワーク」の内側以外のほとんどすべてのものを、渋谷系は信用しなかった。内部にてほぼ完全に完結できる、閉鎖系の構造がそこにあった。

渋谷系の「内側にあるもの」はとても小さかった。具体的には、渋谷や西新宿や六本木にあった一部の輸入レコード店とそこに集う人々、といったものが核になっていただろうか。そうした人的関係性や行動様式は、八〇年代のイギリスやアメリカの「インディー」レーベルのレコードやアーティストたちから、強い影響を受けていた。そして、海外の先例と同様に「メジャー」な音楽業界とはまったくなんの関係もないところで、ほとんど手弁当で、なにもかもを進めていった。バンドを作り、クラブやライヴハウスでイベントをおこない、フライヤーをデザインし、自費でレコードを制作しては、「友人が勤めている」輸入盤店や洋服店などで販売するところから始まっていった。まさに「閉鎖系」のこうした構造は、米英では音楽活動のみならず、生活物資のリサイクルやフェアトレード推進運動、無農薬野菜のグループ購入に至るまで、ありとあらゆる民衆運動のヴァリエーションの中で展開されていた。六〇年代末期のカウンターカルチャー直伝の「ピープルズ・パワー」の土壌の上に立ったものだった、と言える。

あるいは、そもそも渋谷系という言葉は音楽ジャンルの呼称としてではなく、「みゆき族」や「原宿族」や「六本木族」、八〇年代の東京のモッズや渋谷のチームといった、都市の遊び人文化の文脈からとらえてみたほうが、社会の実相の中によりうまく位置づけられるものだったのかもしれない。

そんな仲間うちでの動きがメジャー・レーベルの目に留まり、デビューすることになったとしても、渋谷系のアーティストには「特例」が認められることが多かった。アーティスト側に、ある程度の自治権を保証した「領地」が、レコード会社内のレーベルとしてしばしば新設された。そこでは渋谷系のアーティストが、自らの作品以外にもプロデューサーとして指揮をとることが普通だった。メジャー会社であるポリスター・レコードの中に設けられた「トラットリア・レーベル」では、元フリッパーズ・ギターの小山田圭吾が「コーネリアス」の名で音楽家として籍を置きつつ、プロデューサーとしてレーベル全体の陣頭指揮をとっていた。そしてやはり、このような「新しい」動きが音楽業界にあったとき、あらわれるべき人がやはりここにもあらわれる。かまやつひろしだ。

レア・グルーヴ運動

九四年、かまやつひろしは、トラットリア・レーベルよりソロ・アルバム『Gauloise（ゴロワーズ）』を発表する。タイトル曲は、七五年に大ヒットした彼のシングル「我が良き友よ」のB面に収録されていた「ゴロワーズを吸ったことがあるかい」のセルフ・リメイクだった。ファンキーな演奏をバックにしたトーキング・ブルースと言えるこの曲は、八〇年代の後半あたりから、「古い曲ではあるものの」クラブDJの一部からひそかな支持を集めていた。七五年のヴァージョンでは、アメリカのベイエリア・ファンクを代表するバンド、タワー・オブ・パワーのホーン・セクションが演奏に参加していた。九四年ヴァージョンでは、当時ロンドンで流行していた「アシッド・ジャズ」シーンの面々がかまやつをサポートすることになった。この構図全体が、「渋谷系」と呼ばれたものの音楽的構造をわかりやすく示している。それは一種の「レア・グルーヴ運動だった」ということだ。

レア・グルーヴ（Rare Groove）という言葉と概念を最初に流行させたのは、イギリスのDJ、ノーマン・ジェイだ。彼は当時海賊放送だったKISS FMで八五年に始めた番組で、「稀少な価値を持つグルーヴ」という意味のこの名称を用いて、「音楽との新しいつきあいかた」を広めていった。端的に言うと「古いレコードの中から『いま新鮮に感じられる』グルーヴを持つ音源を探してきては再生する」ということだった。それまではディスコやクラブ、あるいはFM放送などでは、「最新の」ヒット曲をプレイすることが主眼とされていた。「古いもの」はたんにノスタルジーの対象でしかなかった。ノーマンはこれを変えた。「古いもの」と「新しいもの」とを、戦略的に織り交ぜてプレイした。両者をつないだものこそが「グルーヴ」だった。だから彼がプレイした「古いもの」は、最新のものと並べてもまったく遜色がないどころか、「斬新でショッキング」なことすら多かった。慎重に選択された上で再提示された「古いもの」は、「現在の音楽」に囚われきった耳をも、容易に解き放てることをノーマンは実証していった。彼によって発掘された名曲の数々は、「レア・グルーヴ」ナンバーと呼ばれていくことになる。そしてノーマンのように古いレコードを探っては「新しい価値」を発見していく行為が、「クールなもの」として、まずはイギリスの一部で流行していく。中古レコード店の伝統、そして「レコードで踊る」という伝統が根強くあったイギリスならではの流行だった。こうした実績を評価されたノーマンは、二〇〇二年、DJとしては史上初のMBE勲章をエリザベス女王より授与されることになる。

このレア・グルーヴという概念はアメリカにも伝播する。そして英米以外で最初に大きく花開いた場所が日本だった。八〇年代までに培った「豊かさ」ゆえのレコード店の充実と、「耳が肥えた」リスナーが多かったからだ。

レア・グルーヴ運動としての渋谷系が「掘り起こした」過去の音楽は、多岐にわたる。大きな流れのひとつは、前述した「英米のインディー・レーベル」が、八〇年代に発表していたものだった。日本では「ネオ・アコースティック」あるいは「ギター・ポップ」と呼ばれる、イギリスのバンドのものがまずあった。それらのバンドのオリジンもよく参照され、七〇年代のパンク・ロック、ニューウェイヴといったあたりから、その原点となった六〇年代のヴェルヴェット・アンダーグラウンドから、ガレージ・ロック、サイケデリック、アシッド・フォークなどがあった。日本のヒップホップも、スチャダラパーらの活躍により、まず渋谷系の周辺から大きな広がりを見せていった。だから米英のヒップホップ・アクトの「元ネタ」研究は、この時代の渋谷における最大の課題であった。七〇年代から六〇年代のソウル、ファンクのレコードは、全方位的に追求された。ハウス、テクノも同時に研究された。サントラや効果音、ノイズ／アヴァンギャルド音楽、アメリカン・ルーツ、ポピュラー、ワールド・ミュージック、イージー・リスニング、もちろん、はっぴいえんどや小坂忠など「先輩たち」の作品も……ありとあらゆる「古い」レコードが、「新しい着眼点」のもとで研究され、整理され、プレイされるようになっていった。それらの強い影響のもとで、「新しい」音楽が作られていった。

この時代、幾度か僕は、アメリカ人の友人を渋谷のレコード店のいくつかに案内したことがある。東京の渋谷までやってきて、アメリカ人がわざわざ「アメリカ製の」中古レコードを買いたがるなんてことが、よくあったのだ。あるとき、ひとりの友人がちょっと恥ずかしげに僕に言うのだった。「わかってるよ」と。アメリカ人のおれが、東京でこんな大金出すのは変だってことぐらい自分でわかってる、と。彼の手の中には、二万円の値札がついたアメリカ製の中古LPがあった。しかし彼はこうも言った。「でも、もうアメリカじゃあ売ってないんだよ。ぜんぶ日本人が買っちゃったから！」――僕は原典にあたったことはないのだが、九〇年代の一時期、渋谷の宇田川町は「世界でいちばんレコード店の密度が高い町」だと、どこかで認定された、なんて噂を耳にしたこともあった。

こうした「聴き手最優先」文化の充実、それをバックボーンとした「音楽的自我」の確立、といった達成から、渋谷系こそが日本においては「八〇年代までのポップ文化のすべて」をいちど総括してみるかのような運動に成り得ていたのではないか、と僕は考える。これこそが、日本のロックの、ひとつの「総決算」だったのではないか、と。

また、渋谷系の主役となった者たちの世代についても注目すべきだ。一部の例外を除いて、とても狭い年齢分布の中にほぼ全員がおさまっていた。上は六五年生まれ、下は七〇年生まれぐらいまでの範囲がほとんどではなかったか。だから、これはこういうことだった、とも言える。戦後に「ロックの誕生」を目撃した第一世代、つまりこの時点においての最後の「戦争を知っている子供たち」の子供たちこそが、「渋谷系の世代」を形作っていたのだ、と。たとえば、「第一世代の」かまやつひろしは三九年生まれだった。ちょうどそれは、父親たちの世代ではなかったか。渋谷系とは、「父の世代の影」を通して、戦争と戦後を、アメリカと日本の関係と冷戦を、そして「ロックンロールの誕生と発展」を透視することができた、最後の世代だったのではないだろうか。

儲かっていたレコード会社

とはいえ、渋谷系はたいして売れたわけではない。ほとんどの場合の「日本のロック」がそうであったように、話題になり、音楽マニアからの熱い支持は得たとしても、数字にはあまり結びつかなかった。渋谷系と呼ばれる範疇の中での最大のヒット作は、元フリッパーズ・ギターの小沢健二のアルバム『LIFE』なのだが、トータルで八〇万枚弱だった、というデータがある。これは九〇年代においてはさして大きな数字ではなかった。

しかし逆に考えると、このころの日本のレコード業界には余裕があったのだ、と言うこともできる。渋谷系とは、とにかく「カネ食い虫」だった。レコーディングからCDのパッケージ・デザインまで、放っとくといくらでも予算を使っては「凝る」という悪癖があった。売れもしないくせに金ばかりかかる連中を「許容してやれる」ほど、当時のレコード会社には余裕があった。より正確に言うと「とてつもなく」儲かっていた。遅れてきたバブル景気かというほどに。

ここにひとつの統計がある。九〇年代のＣＤセールスの実態がいかに常軌を逸していたものだったか、いちど僕は、『フィッシュマンズ　彼と魚のブルーズ』という評伝の中に記したことがある。その部分を引いてみよう。

「日本レコード協会の統計によると、音楽ソフトの生産数も、その金額も、この時期はまさに『右肩上がりの天井知らず』だったようだ。九一年にその生産数の総計が三億枚を突破。そこから毎年、約三千万枚を積み増していって、九三年には早くも四億枚をも超えてしまっていた。ちなみに、さいしょに二億枚を突破したのが一九七四年であり、そこから九一年の三億枚まで十七年かかっているわけだから、この時期の上昇曲線の極端さが、いかにすさまじかったかということがわかる。

金額ベースでも、同様の傾向は顕著だった。九〇年の生産金額の総額三千八百七十七億七千万円が、翌九一年には六百億円増となり四千億円を軽々と突破。九三年には五千億円すら突破していた。一九七〇年の総生産金額である六百五十七億円からみると、これはとても、同じ業界の話とは思えない経済規模だと言っていい。そしてさらに、生産金額ベースで見た場合、九三年のあとも、当分のあいだ、この異常な右肩上がりの曲線はつづいていくことになる」

業界のこの拡大基調に、渋谷系はさして貢献していなかった。であるなら誰が「稼ぎ頭」だったのか、というと、それこそが「Jポップ」だった。

「Jポップ」は自虐の言葉だ

第一章で記したとおり、多くの資料では「Jポップ」という呼称は、八八年か八九年にFM放送局のJ-WAVEによって考案され、広められていった、とされている。ただ、僕の実感として言うならば、この言葉が一般化したのは、九〇年代の半ばあたりだったはずだ。九四年ぐらいに急速に広まっていって、九五年以降は「誰もが知る」言葉となった、として僕は記憶している。

つまり、九〇年代初頭のレコード産業の活況は「その時点ではまだ呼び名もない」日本のポピュラー・ソングが担っていた。かつては「すべてを束ねることができた」便利な名称だった「歌謡曲」ですら、すでにほぼ死語同然だったからだ。「であるならば」と、誰かが九〇年代の半ばに考えたのではないか。新しく「すべてを」束ねられる、「歌謡曲」に匹敵する言葉が必要だ、と。そこであらためて「発見」された都合のいい言葉が、少し前に開発され、そのまま店晒《たなざら》しで埃を被っていた新語「Jポップ」だったのではないか。こうして、段階を追って「歌謡曲という言葉の代わりに」、Jポップという名称が使用されるようになったのではないか。

それゆえに、と言うべきなのだろう。「歌謡曲」以上に、「Jポップ」という言葉には、あきれてしまうほどになんの実体もない。いかなる音楽性を指すわけでも、歌詞の構造や内容、背後にある思想性を指しているわけでもない。「日本人がやっているポップ音楽」という意味の略称、のつもり、なのだという。

だから僕はとても不思議に思う。「なぜ」そんな言葉が必要になるのだろう？「なぜ」日本人がやっている、ということ「だけ」を強調したくなるのだろうか？と。

たとえば、明確な意志のもとに、強固な「音楽的自我」のもとに、世界でごく標準的なものとして認められている種類のロック音楽をやっている「日本人の」音楽家がいたとしよう。彼または彼女はきっと、誰かから問われたならば、「自分はロックをやっているだけです」と答えるだろう。しかしそんな場合でも、次のように返すことを当たり前の前提としているような言葉が、この「Jポップ」にほかならない。

「いやいや、あなたは日本人なんだから、それはロックじゃないんですよ。『Jポップ』なんです！　我々日本人がロックをやれるなんてことは、決してありませんから」

ひどいではないか？　では日本人のやるジャズは「Jジャズ」なのか？　言いにくいではないか。「Jクラシック」なんてのも、あるのか？

と、ここまで凶悪な日本語の名称というものは、音楽用語ならずとも、僕はほかにいちども見た憶えはない。「その音楽を作っている者が日本人である」ということだけで、「ぜんぶ同じだ」なんてしなければならない理由が、いったいどこにあるのか？　かつての「歌謡曲」がロックやフォークには対応不可能だったせいで「ニューミュージック」という呼称が必要となった事例など、牧歌的な出来事に思えてくる。

僕は「Ｊポップ」というのは、全体主義の言葉だと思う。そしてポピュラー音楽とは——わざわざ言うまでもなく、当たり前の話なのだが——全体主義とはとても相性が悪い。いかに「統制」したとしても、言うことをきかない心の動きが反映されたものが本来的な姿だからだ。それぞれの人格の奥底に本質的にそなわっている個別性が集合を成したとき、多様性のパレットとなって、「豊かさ」を現出せしめるものだからだ。だからポピュラー音楽は資本主義社会であればあるほど発展した。

それゆえに、これを「ひとつの言葉で束ねたい」という欲求は、根本的に間違っている。そもそも「上から」押さえつけてどうにかなるものではない。その証拠のひとつと言っていいだろうが、Ｊポップという名称そのものに、見過ごせない言語構造上の瑕疵がある。ほとんど語義矛盾と言えるほどの。

まず「日本人がやっているポップ音楽」という意味で、英語の「Japanese Pop (Song or

Music）」をベースとする言葉を名称とすること、およびこれを「日本人が率先して標榜する」ことというのは、本質論的な意味で間違っている。「日本人ではない他者」からそう言われることはあるかもしれないが、こちら側から先に「こう呼んでくれ」なんて、「英語ふうの言葉で」申し出ていくことは、完全に、おかしい。たとえば英語圏のアメリカやイギリスでは、自国のポップ音楽については、ただたんに「Ｐｏｐ」とのみ表記されることが普通だ。アメリカ人が自分の国のそれについて「Ａポップ」と言うことは絶対にないし、イギリス人が「（ブリテンの）Ｂポップ」と言うこともない（実在した名称、「ブリットポップ」というのは、明確な対象があったロックのサブジャンル用語だから、混同しないように）。

だから日本人が日本国内のポップ音楽について、英語で書きたいのだったら、アメリカ人やイギリス人同様に、たんに「Ｐｏｐ」とだけすればいい。「どこのポップだ？」と外国人から訊かれたときに、初めて答えてあげればいい。「ニッポンの」とでも、「ジャパニーズ」とでも。もしかしたら、そのときにその外国人は「Ｊ Ｐｏｐ」なんて略して呼ぶかもしれない。しかしだからと言って、そんな反応をあたかも先取りして忖度《そんたく》し、率先して媚びへつらうような行為を、やらなくてはいけない必然性はどこにもない。ごく普通の文明国では、このような行為をして「屈辱的なこと」だととらえるはずだ。

だから「Jポップ」という言葉は、日本人が考案したものだったとしても、ほぼ蔑称に近いものでしかない。つまりは自虐の言葉だ。なぜならば、「英語の普通の意味での『Pop』」に、接頭語としてわざわざ「J」をつけているのだから、これはどう考えても、「国際標準よりもレベルがワンランク以上は確実に低い、地域限定のローカルなもの」だという意味を、自動的に持たざるを得ないからだ。ポップ音楽について、日本はどうしようもない後進国なのだ、という深層心理の表象が、そこにはあったように思えてしょうがない。

あるいは、単純に、世に言う「ガラパゴス化」の顕著なる端緒だったのかもしれない。最初から最後まで「国内しか見ていなかった」ことの反映が、じつはこの、珍奇なる和製英語の極致とも言える「頭にJがついた」名称だったのかもしれない。「それが国際化だ」と思い込んでいたという、笑うに笑えない落ちがついた上での。

渋谷系の敗北

大正期にそもそもあった、「流行歌」という名称でなにが悪かったのか、と僕は思う。おそらくは自然発生的に、英語の「Popular Song」の逐語訳から生まれたこの名称を使い続けてさえいれば、ずっとなんの問題もなかったはずだ。ロックもフォークも、「なんだって自然に」含むことすらできたはずだ。その証拠に、英語の「Popular Song」という言葉は、いつなんどきでもごく普通に存在していて、死語になどなるわけもない。「歌謡曲」や「ニューミュージック」、あるいは「Jポップ」とは違って。

自然発生的ではない、「人工的」な名称こそが「歌謡曲」や「Jポップ」だと僕は書いた。ここで言わねばならないのは、人工的な名称を生み出そうとするときに、あるいは、「人工的な名称を受け入れて、それに従おうとするとき」に、日本人の中に去来する心情の内実だろう。日本人が考える名称はいつもかならず、「目の前にすでにあるものすべて」を、ひと束ねにして「取り込もう」とする。取り込むことで、見渡せる限りの現状を肯定しようとする。「ひとつの言葉で」束ねてしまうことで、安定した平穏が訪れるように感じられるのだろう。言い換えると、日本人にとっての「現状」とは、肯定するためだけにある「動かしようがない」ものだ。

ロックンロールもまた「人工的」な名称だった。しかしそれは、「歌謡曲」や「Jポップ」とは、水と油ほども違う、まったく逆の内実を持つものだ。ロックンロールとは「まだここにはない」理想を掲げた言葉だ。これがいかなる経緯で生まれ、発展していった抽象概念であったかは、第一章に書いた。つけ加えるとしたら、かくあるべき「理想」を掲げたときにこそ、無類の粘り強さと自己犠牲的とも呼べる勤勉さを発揮する特質がアメリカ人の中にはある、ということだ。まるでレンガをひとつずつ積んで巨大な塔を建てようとするかのような行為を、大いなる歓びのもとで連続させていくような心性がある。だから不況や戦争を幾度くぐり抜けようとも、「理想」を掲げて前進しているあいだは、アメリカの強靱さが本質的に揺らぐことはない。これが、日本ではおそらく意図的に「独立戦争」と意（異）訳されて定着した、しかしアメリカ人は「Revolutionary War」と呼ぶものから生まれた革命国家である、かの国の精神文化の根っこにある一大特徴だ。だからロックおよびポップ音楽の文化も発展してきた。いかなる困難があろうとも、「現状を無闇に肯定」して、停滞したり、退歩したりすることは決してなかった。ロックンロールにとっての「現状」とは、「変革するためのもの」だったり、「理想へと向かっていく途中経過」だったりするものだった。

日本では、九〇年代、社会全体に「停滞と退歩」がついに訪れることになる。この象徴が、「Ｊポップ」という概念の登場と蔓延だったのではないか。アメリカを模範とした戦後民主主義社会から離れ、黒船が来る前の時代へと日本人の精神が退行を始めた証拠だったのかもしれない。

そして「Ｊポップ」が、九〇年代の後半にかけて日本中を支配していく。

もしかしたら、「渋谷系」という新語に対する、どこかの誰かの、強烈な反発心も作用していたのかもしれない。そもそも渋谷系が閉鎖系のシステムだった、ということが気に入らない人が、いたのかもしれない。だからこそ、それらをも「束ねたく」なるような心情が、どこかで惹起したのかもしれない。いずれにせよ、渋谷系も、あるいは日本のロックをも「なにもかもJポップでいいのだ」とする大波が覆いつくしていく。そしてすべてが押し流されていく。「意味の墓場」とでも言うべき地の果てにまで。

この起点となったのが九五年だったのではないか、と僕は思う。阪神・淡路大震災および一連のオウム真理教事件という社会的な大事件に、日本のロックは、渋谷系は、文化的な意味で対抗することができなかった。だから容易に、Jポップに飲み込まれていった。それは決定的な思想的敗北だった。

日本レコード産業の落城

九五年、震災へのベネフィットは盛んにおこなわれた。これには日本のポップ音楽家も多数が関わった。しかし僕が知るかぎり、オウム真理教がおこなったとされる無差別テロそのほかの犯罪や反社会行為に対して、なんらかの形でステイトメントを発表した音楽家や作品は、なかった。文化的な対抗軸の提示はなかった。テレビでは連日のオウム事件の報道が続いているころ、街では小沢健二の「ラブリー」や「強い気持ち・強い愛」が流れていた。そのことに僕はひどい違和感と落胆をかんじた。

軽さの限界、というものが露呈してしまったのだろう。九〇年代前半の特異な軽やかさ、文化的な意味での享楽主義というものに浮かれすぎていた、のかもしれない。あるいは「冷戦に勝利した」アメリカ人の安堵感と、勝手に心理的に同期してしまっていた、のかもしれない。「渋谷系」と呼ばれた音楽家の多くは海外に多数のファンを抱えたし、米欧の第一線級のアーティストと互角の立場で交流した。渋谷のレコード店で、ロンドンのクラブで、ごく普通のことのように、両者は幾度となく挨拶をかわしたはずだ。両者のファンも、留学や旅行などで似たような交流をした。日本人には円高が味方した。それはまるで、大正時代には一部の特権的な階級しか知り得なかった、「海外の先進的な文化」に、誰もが手軽に触れることができる時代の到来であるかのようだった。

そんな気分のままでいたせいで、眼前に突然登場した巨大な暗黒に、どう対応していいのかわからなかった、のかもしれない。「ノンポリ」だった日本のロックの限界だったのかもしれない。政治・社会問題に対する「鋭敏ではない」ところ――いや正しくは、国際標準から見てみた場合、「ロックとしてはあり得ない」ほどの鈍感さが、急転直下で峻烈さを剝き出しにしてきた世相を前にして、できることと言えば、うろたえつつも「平静を装う」だけであったかのように、僕の目には映じた。

底に穴が空いたままの日本経済は、九〇年代後半に向けて、さらに修復不可能な亀裂を生じさせていく。そして、ついにレコード産業も崩壊を始める。

前出の日本レコード協会の統計によると、音楽産業界の「右肩上がり」が終わったのは九八年だ。CDの生産枚数ベースでも生産金額ベースでも頂点となったのはここで、翌九九年にはがくんと減少する。それはまさに「底が抜けた」とでも言うべき、劇的な大減少だった。8cmCDシングルもCDアルバムも、九五年当時の水準へと、たった一年で一気に後退した。そしてこのあとも、一度たりとも「九八年の水準」が回復されることはなく、二十一世紀に入ってもずっと「右肩下がり」を続けていくことになる。

日本のロック音楽における、ひとつの時代の終焉を告げたのが、九九年あたりから連続して起こった、まだ若い音楽家たちの死の連鎖だった。九九年三月、フィッシュマンズのヴォーカリスト、佐藤伸治の他界はロック・ファンのあいだで大きな衝撃をもって受け止められた。フィッシュマンズは渋谷系ではなかったのだが、世代としては同じだった。忌野清志郎の歌の骨法を継ぎながらも、音も言葉も極限まで削ぎ落とした独自のスタイルで、佐藤は「東京の若者の日常の切実」を描いた。レゲエをベースとしたそれらのポップ・ソングは、九五年に「巨大な暗黒」が表面化したあとにこそ、熱心な支持を集め始めていたものだった。そしてここから、潰走と言っていい、渋谷系世代の撤退戦が始まっていくことになる。

同じころ、九八年の十二月にシングル・デビュー、九九年の三月にファースト・アルバムを発表したのが宇多田ヒカルだった。すでにレコード業界のバブルは崩壊していたのだが、彼女のこのアルバムは、約九〇〇万枚というとてつもない売り上げ記録を達成した、ということがあらゆる大手メディアで喧伝された。もちろんこれは出荷ベースだったから、返品の枚数は一切考慮されていない「大本営発表」だったのだが。

こうして二十世紀が終わる。そして、国際的にも「ロックの時代」が終わったことが明らかとなるのが、二〇〇一年九月十一日のアメリカ同時多発テロ事件だった。

二〇〇〇年代～ロックンロールの「ピリオドの向こう」で

第五章　日本ロックの退潮とアイドル・システム

新世紀の暗い幕開け

二〇〇〇年代のロック音楽についてここで言うべきことは、とくにない。アメリカもイギリスも日本も、どこもかしこも実り多かった九〇年代の遺産が、残るところには細々と残っていたことの確認はできた――ことぐらい、だろうか。

音楽の形態としてのロックの楽曲は、二十一世紀になってからも世界中で制作され続けている。しかしそれは、たとえばこのディケイドの全般を通じて、文化史的に見過ごせないなにかを生み出すことはなかった。社会的な影響力も驚くほど低下した。パパラッチが盗み撮りするセレブリティ写真への大衆的興味に劣後するほどにまで。

ロックンロールとは、まさに正しく、冷戦を背景にして生まれ、その終結をもって歴史的役割を終えたのだろう。九〇年代の活況というのは、単なる残り香だったのかもしれない。あるいは、徒競走が終わったあと、徐々にクールダウンするために走者が軽く流しているような状態、だったのかもしれない。それにしてはやけに豪勢だったのだが。

アメリカでは、九四年に起こったニルヴァーナのヴォーカル＆ギターだったカート・コベインの自死が大きかった。これがオルタナティヴ・ロックの崩壊を招き、彼をいまのところ歴史上最後の「ロックスター」にしてしまう。そのあともなお健全に発展しようとしていたインディー・バンド、インディー・レーベルのネットワークに、最後の一撃を加えたのが九九年に世に出たファイル共有サービスの先駆け、ナップスターだった。CDを買う、どころか「音楽を購入する」という習慣そのものが消滅していく第一歩であり、財政基盤が貧弱だった「草の根」インディー・レーベルに致命傷を与えることにもなった。その総仕上げであるかのように、9・11があった。政治的には左派もしくはリベラル派が圧倒的多数だったアメリカのインディー勢は、完全に足元を崩されてしまう。

八〇年代のアメリカは、じつは、大きな戦争を一度も経験しなかった。ヴェトナム戦争の次が、九一年の湾岸戦争だった（だから日本では坂本龍一などが強くプロテストした）。しかしそれもあっという間に終わった（ゆえに禍根を残した）。だから9・11以降のアメリカの姿は、「八〇年代の子供たち」だったインディー世代にとっては初めて見るに等しいものだったはずだ。

アメリカのヒップホップも、九〇年代にクリエイティヴの頂点はきわめられ、ビジネスとして拡大できるかぎりに拡大されたのが二〇〇〇年代だった。まるでロックンロール初期のエルヴィスのように、圧倒的力量を持つ白人ラッパー、エミネムがスーパースターとなった。これらの成功物語の背後にはすべて、インターネットの進化があった。

イギリスも同様で、九〇年代の「ブリットポップ」が、ブレア首相の「クール・ブリタニア」政策に同調して盛り上げられたあとは、見る影もなかった。「(アメリカとはひと味違う)ブリテンふう」を意識して強調したロックやポップとは、つまりは右傾化のあらわれだった。そうした「内向きの」閉じた思考回路によって、唯我を独尊するかのような姿勢のあれやこれやを、国内はもとより、世界中の「イギリス音楽好き」に売る魂胆だったようだ。ビートルズはおろか、キンクスですらも、そんな発想で作品をつくったことなど、一度もなかったと思うのだが。ともあれこの「ブリットポップ」は、イギリスお得意の「メディアから仕掛けられた流行」だったので、いつものお決まりどおり、数年で跡形もなく沈静化した。そのあとにはスパイス・ガールズら、なんと「アイドル」の量産時代がやってくる。じつはイギリスとは、六〇年代以来、大の「アイドル・ポップ」好きの国でもあったからだ。そしてここらへんの全体を、二〇一〇年代の日本が、一所懸命に模倣しようとすることになる。官公庁が旗ふり役となって。

日本の話をしよう。始末記を書こう。

九九年、フィッシュマンズの佐藤伸治の他界の直後から、音楽雑誌や一般メディアのありとあらゆるところで、「渋谷系へのバッシング」が始まった。「マニアックすぎたから結局は売れなかった」といった論調が多かった。「カジヒデキがいい年なのに半ズボンを穿くのは気持ちが悪い」というのもあった。しかしどちらも「いまさら」言うような話ではなかった。渋谷系が注目を集め始めたときから、これらはなにひとつ変わっていない。変わったのは、世相のほうだった。「J」に飲み込まれて、なにもかも「J」化した世相にとって、とりわけ憎く思える対象が渋谷系だったのだろう。戦国時代にはあったという、百姓による落ち武者狩りとはこういうものだったのか、などと僕には思えた。そんな光景だった。

二〇〇〇年代、一部の生き延びた渋谷系は、こつこつと地道に作品を重ねた。彼ら彼女らの影響を受けた世代の活動も本格化してくる。しかしムーヴメントやブームと呼べるほどのものは、ロック音楽の範疇では起こってはこなかった。ただPCおよびインターネットの進化から、作品をつくり、発表することへのハードルは大いに下がった。だからその「低いハードル」のみを基準として、本来的な意味での同人誌的な活動は盛んになっていく。そしてあれほどあったレコード店が、街の中からどんどん消えていった。

アイドルと日本の「欲望」システム

もうJポップではない、という声を最初に僕が聞いたのはいつのことだったか。さすがに二〇〇〇年代のあとだったか。そのときの僕は、とある仕事関係の知人を前に、例によって例のごとく、なにかの歌詞の分析をおこなっていた。「そんなこと、もうどうでもいいじゃないですか」といったことを、彼は僕に言った。Jポップはもう終わっているんだし、そもそもあんなものの歌詞、誰もまともに聴いちゃいないですよ、カラオケで歌いやすけりゃそれでいいんですよ――と。

僕も、このときばかりは驚いた。これほどまでにも早く、Jポップという言葉までもが使い捨てされようとは。渋谷系がバッシングされたときに感じたことと同様、「ああ、GSが終わったときと同じなのだろうな」と、このときも僕は感じた。日本の音楽業界とは、こうしてつねに「焼き畑農業」を繰り返してきただけなのだろうな、と。

そしてどうやら、「Jポップが終わった」前後に大きく浮上してきたのが、「アイドル」らしい。日本のアイドルがとても不思議なのは、結果として得られるべき称号であるはずのものを、最初に自己目的化していることだ。たとえば「ロックスターを目指すので応援してください」と言う、「地下ロックスター」なんてのがいたとしたら、奇妙に感じるべきだろう。どんな詐欺かと、眉に唾してかかるべきだろう。しかしこの程度のものが、参加型のショウビジネスとして日本ではどんどん拡大していった。

背景にあったのは、ひとつの典型的な「メイド・イン・ジャパン」からの影響だろう。接客型飲食店や風俗産業だ。性的願望を主軸とした男性の古典的な欲求を、無制限に肯定し続けることで対価を得ようとするビジネスが、かなり古くから日本にはある。この「システム」は、きわめて広い範囲で日本の文化全般に影響を及ぼしていて、とくに娯楽文化において著しい。たとえば、漫画文化における女性像表現の類型化はこれに完全に準拠している。あるいは、テレビ局の女性アナウンサーがつねに男性の性的な好奇の視線を集める対象となっていて、社会的にも「それが普通のこと」とされている風潮も同様だ。どちらもこの「システム」の強い影響下にある日本ならではの出来事だ。「アイドル」も同じだ。頑張っている女性を応援、でもなんでもいいが、そんな物言いが憤懣《ふんまん》やるかたないおためごかしでしかないのは、「システム」に参加させられた当事者である女性たちには、そもそもなんのイニシアチブも与えられてはいないからだ。システムそのものをコントロールできる権力は、かならず、「外部」にいる独裁者のごとき者の手の中にある。そしてその「誰か」の指導のもとで、振り付けのもとで、「外には出られぬ」囲いの中で、統制された行動をとる女性の「献身」を鑑賞したり、ときに賛美したりする、というゲームが現出することになる。これが男性原理を駆動エンジンとして使用した、日本特有のひとつのシステムの全容だ。

そして、こうした文化のありかたを許容する女性（や女性像）こそが、日本ではあらゆる場面で優遇される。「許容すること」から対価を得ることも大いに推奨されている（その過程がときに鑑賞される）。この種の女性観やシステムのありかたにひそむベクトルをずっと伸ばしていって戯画化した最果てには、北朝鮮における「喜び組」と俗称される女性たちのイメージと、ほぼ等しいものがあるはずだ。

悲しむべきことは、こうした女性像や日本的なアイドル・システムの価値観が、いともたやすく、日本のロックをも浸食してしまったことだ。おそらくは「Jポップ」をバイパスにして。この観点はたとえば、八〇年代の戸川純の強い影響下にあるシンガー・ソングライターの椎名林檎が、「オリジン」とは様変わりして、ことさらに性的イメージを強調したがることの奇矯への模範回答としても機能するだろう。日本のロックは、ひとつ、「アイドル」にも負けた。ポルノまがいの「欲望の無制限な肯定」のシステムに負けた。

男尊女卑的なゲームへ

このシステムは、日本古来から脈々と受け継がれてきた。それが江戸時代に端を発するものであることを、前述の『歌謡曲から「昭和」を読む』の中で、なかにし礼が指摘している。明治期に花柳界で流行した「さのさ(節)」および、それに影響を受けた流行歌などを論じ、そこに歌謡曲の原型を見た一文に以下の記述はあった。歌謡曲の中にあった「江戸以来の伝統」と、僕がここで言う「システム」とは、なんと似ていることか。

「その江戸時代の色恋とは、既婚の男と花柳界の女との間のものだった。夫婦とは家同士の結びつきだから、恋愛感情など生まれない。それでいて、妻は子を産み、家を守ることを義務づけられる。そこで夫は外で女と恋をする。しかも相手の女は、どんなに深い仲になっても、『妻という字にゃ　勝てやせぬ』と、いつかは身を引いてくれるので、男は安心だ。つまり男にとって女は二種類しかなかった。恋愛もしなければ対等にも扱わない女(妻)と、恋愛はするが対等には扱わない女(外の女)。これが男尊女卑というものの姿である」

なかにしはこれを肯定しているわけではない。「ここから」離れていくことこそが、大正期から戦前戦中をはさんで、戦後の歌謡曲に至るまで作詞家が目指したことだった、と彼は同書の中で主張している。言うまでもなく、日本のロックも、「ここから離れて」いくことを目指した。つまり、女性が男性とあらゆる意味で対等となることを目指していた、ということだ。「そうなって初めて」、民主主義的な意味で健全な「恋愛」が存在し得る空間がそこに生まれることになるからだ。はっぴいえんども、RCサクセションも、フィッシュマンズも、ラヴソングにおいては「そこをこそ」ただひたすらに目指していた。お互いの瞳を正面から見つめ合う、まるで十代の少年少女のような無垢なる愛を歌うものこそがロックだ。男尊女卑はロックじゃない。

それが日本では根本的にひっくり返って、これ以上ないほどに男尊女卑的な「男性原理を無限に肯定する」ゲームへと変質してしまったわけだ。だからどう考えても、二〇〇〇年代以降の日本のアイドル音楽とは、二十一世紀にはそぐわない。昭和でもなく、明治か江戸時代のほうが近い。日本のポピュラー・ソングにおける精神性は、そこまで後退してしまった、ということだ。「男に媚びることばかりを」女性に表現させては悦に入る「システム」の上で。

かつて日本には、「赤痢《せきり》」と名乗る女性ばかりのパンク・バンドがいた（八三年に結成）。英米のみならず、パンク／ニューウェイヴは日本でも戦闘的フェミニズム精神の最前衛となった、こともあった。九〇年代に少年ナイフが海外進出していったころは、日本の女性ロッカーの清々しさは、ある意味で世界をリードする位置にすらいた。しかし、九〇年代末期のとてつもない「反動」の圧力が、「逆コース」の波濤《はとう》が、大きくここにも影響していった。のちの時代に禍根を残す爪痕ばかりが刻み付けられていったのが、二〇〇〇年代の日本の音楽シーンだった。

さらなる未来

氣志團の歌詞ではないが、いま我々はきっと「ピリオドの向こう」にいるのだろう。ロックとは、「未来を構想する思想」の異名でもあった。そして二十一世紀とは、ロックが生まれた五〇年代から見てみた場合、SF小説の題材になっても当たり前なほどに、十二分に「未来」だ。我々の困難とはこれにつきる。

「未来にいながらにして、『さらなる未来』を構想できるか、どうか」

その答えではないにせよ、思考の際の有力な支えとなるものは、まだ世界の中に数多く残されている。そこに効率よくアクセスすることにかけては、二十世紀のころとは比較にならないほど、二十一世紀のこちら側に優位性がある。このことの重要性が、今後いや増していくだろう。

僕はよくこう考える。イエス・キリストがその姿を地上から消してから、使徒たちが布教を進めていく中で初めて、キリスト教の全体像は固まっていった。ロックンロールは、キリスト教社会で生まれたものであるだけに、ミュージカルの『ジーザス・クライスト・スーパースター』ではないが、いたるところに聖書からの大きな影響が見られるものだ。だからこの先いつか「ロックをおこなう者が地上から消えてしまった」あとこそが最も重要なのではないか、と思うことがある。そのとき、アーカイヴに残されているものから学び、研究を進めていくことこそが、かつての十二使徒のおこないに比肩する偉大な行為となるのではないか、と。ロックンロールを宗教にしよう、と僕は言っているわけではない。すでにしてこれは、往々にして宗教のようにも人に作用している。

未踏の荒野に投げ出されたとき、巡礼者の頭上に輝いて道を示す、ガイディング・スターとしてのロックンロールは、かつてもいまも、一切変わらずにその役割を果たしてくれている。人ならぬものが道を誤まることはない。我々に必要とされることは、ただひとつ、清い心と正しい知識のもとで、星を読むことだけだ。

おわりに

ロックンロールの役割

一〇〇枚の名盤アルバムとともに日本のロック音楽の歴史を総覧する、というのは、当初予想していたよりもずっと大がかりな作業となった。なぜならばそれは、「ここではないどこか」にしかないはずの理想を、日本という地に降ろしてくるために悪戦苦闘を続けてきた運動家や革命家、あるいは冒険家たちの足跡を、僕自身が追体験していくことにほかならなかったからだ。まさに圧倒される体験だった。

僕は第一章に、『ロック』も『ロール』も、『実際の動き』と『そうなるような気分』の両方を表すための言葉」だった、と書いた。このことについて、少し補足しておきたい。いったいそれは、具体的に「どんな動き」や「気分」をあらわしたものだったのか？その例の一端を、ここに抜き出してみよう。

クールな気分。その逆にホットな気分。わくわくするような、胸騒ぎがするような感じ。腹の底がカッと熱くなる……エネルギーの渦が生じてくるような感じ。反発力の起点。それら一切合切の、湧き上がってくるエモーションの波を最初に生み出してくれる、水晶体のようなもの。および、その振動を受けたことを全身の至るところで表現する、という行為そのもの——これらすべてを「ロックンロール」のたった一言で表することができる。

動詞として、動きを表現するものとしては、こんなふうによく言う。パーティーの最中に、DJがマイクロフォンを片手に「Rock the house!」なんて叫ぶことが、よくある。日本語にすると、ぶちかまそう、盛り上がろう、といったほどの意味で、語尾に「ぜ」とつくような感じ。動詞としてのロックの典型がこれだ。

階段に足をかけて、身体を一段上まで引っ張り上げる、その動作にとって必要不可欠な最初の一拍を生み出してくれるもの。それがロックンロールという感覚だ。あるいは、「この感覚」の受け皿となることができる音楽の様式や態度、これもロックンロールだ。

そして、だからこそ逆に、それを強烈に求めてしまう側の欠落をも照射してしまう。これもロックンロールの特徴だ。「ロックンロールの感覚」を強烈に欲してしまう、ということは、つまりその者は不幸なのだ、と言い換えることができる。

なんということもない「いつもの毎日」があったとしても、それを平穏で満ち足りたものとして「感じることができない」ということ。その当人の内面においてだけは、救いようもなく不幸だと「感じられる」ということ——古今東西、ロックンロールという鍵が「はまる」ことができる鍵穴とは、およそこんな形をしていることが多い。

こうした不幸の全体像を、イギリスのバンド、ザ・フーは、代表曲のひとつ「ババ・オライリー」(七一年)の中で「Teenage Wasteland」と呼んだ。この言葉を意訳してタイトルに掲げた短篇小説「青春の荒野ってやつ」(七六年)を著したことがある片岡義男は、かつてこう喝破した。「僕は嫌だ!」というのが、初期のロックンロールに内包されていた心の叫びだったのだ、と。形にもならないそんな衝動の雲を抱えた少年少女に向けて放たれたノベルティ音楽、それが原初的なロックンロール・ソングの典型例だった。

であるから、こう言うこともできる。滅多なことでは解消できない「不幸」があるかぎり、ロックンロールの役目が終わることはない、のだと。ローマ帝国の全盛期もかくや、と言うほどに、同時代の世界の他地域とは桁違いの「豊かさ」を実現していた五〇年代のアメリカにて、きわめて現代的な意味での「不幸」を背負ったティーンエイジャーが初めて発見されたことと、ロックンロールの誕生が同時だったことは偶然ではない。

日本にもその種の「不幸」はある。これからもずっと、あり続けるだろう。だからロックンロールの必要性が滅ずることはない。その「不幸」から目をそらさぬ者がいるかぎり。

ピルグリムのひとりとして

二十世紀後半、こうした「不幸の共通項」とでも呼べる構造は、ある程度の発展段階となった民主主義社会にはほとんどかならず存在した。それがロックンロールが国際的な共通言語となり得た背景だ。だから、あなたがロックを知れば知るほど、ロッカーになればなるほどに、「話が合う」人が世界中のいたるところにいることを、深い感動のもとに実感することになるだろう。

たとえば、もしあなたに、ビル・クリントン元アメリカ合衆国大統領と言葉を交わす機会が訪れたとしよう。どんな話題から、口火を切ればいいか？　もし僕が助言を求められたならば、迷わずこう言う。「ローリング・ストーンズの話題から始めなさい」と。ちょっと突っ込んで、いきなりこんなふうに訊いてみてもいいかもしれない。「ミスタ・クリントン、あなたは『スティッキー・フィンガーズ』と『サム・ガールズ』、どちらのアルバムのほうがよりお好きなんでしょうか？」と。立食パーティーのようなカジュアルな場で、さらに衆人環視の中だったなら、彼はかならずその話題に乗ってきてくれるはずだ、と僕は予想する。なぜならばビル・クリントンはストーンズの大ファンだからだ。

マーティン・スコセッシ監督による、ローリング・ストーンズのステージ・ドキュメント映画『シャイン・ア・ライト』（二〇〇八年）に、妻のヒラリーをともなってビル・クリントンは登場した。さらに、二〇一四年にドイツのタッシェン社から発表されたストーンズのデビュー五十周年を記念した写真集には、彼は序文すら寄せている。「大統領でいることは世界最高の仕事だ。私はいつも、つらいときだってこれを愛した……」。そんな書き出しで始まった一文がそこからどう進んでいったかは、説明するまでもないだろう。

これがロックンロールの影響力の一部分だ。僕らは容易にこの力の一端に触れることができる。手に触れたところだけを、自分のものにすることもできる。そのことによる自己変革すら、簡単に成し遂げられる。


本書がこうして形になったのは、なによりも担当編集者である井本麻紀さんの情熱によるところが大きい。終わらぬわんこそばを食するオバQのように僕はレコード評を書き、数百アウトをとるまでは立ち上がらぬ伴宙太のように彼女はストライクを要求し続けた。つまり僕は焚き付けられた。そして燃え上がった。それは得がたい体験だった。後任となった米沢勇基さん、井本さんを紹介してくださった、講談社文芸第一出版部の長谷川淳さんにも謝意を表したい。

最後に、本文中で紹介しきれなかった参考文献について、最も重要だったもののいくつかをここに記しておきたい。『J-POP進化論』(平凡社新書)での佐藤良明さんの日本語の歌の韻律分析理論に僕は蒙をひらかれた。その理論の応用編、延長線上ともいえる方法によって、本書にて僕ははっぴいえんどの「言葉とリズム」の関係性を解析した。日本における洋楽ポピュラー音楽受容の歴史については、『カナリア戦史』飯塚恒雄（愛育社）、『ニッポン・スウィングタイム』毛利眞人（講談社）、『進駐軍クラブから歌謡曲へ』東谷護（みすず書房）などから、貴重な視座のいくつかを得た。ロックンロールの誕生、およびそのときの背景となった文化やルーツ音楽については、『ロカビリー・ビート』鈴木カツ（シンコー・ミュージック）や、『ロックの時代』片岡義男編・訳（晶文社）における「そこにしかない」貴重な情報は助けになった。そのほか、無数の先行する良質な研究の成果があったればこそ本書は存在する。それら情熱の系譜にここで敬意を表すとともに、僕もさらに学んでいきます、との誓いを新たにしたい。ピルグリムのひとりとして。

日本人でも、ロックンロールができる。あるいは「できるようになりたい」。灼けつくような渇望。そして「やってやろうじゃないの」という向こう意気——これらが連続する歴史の大河を一望できるような一冊として、あるいは、あなたの「ロックンロール理解」の道への伴走者として、本書が役に立ってくれることを僕は願ってやまない。

二〇一五年四月

川﨑大助

N.D.C. 764.7　294p　18cm
ISBN978-4-06-288329-0

講談社現代新書　2329

日本《にほん》のロック名盤《めいばん》ベスト100

二〇一五年八月二〇日第一刷発行　二〇二五年五月七日第三刷発行

著者　川﨑《かわさき》大助《だいすけ》　

発行者　篠木和久
発行所　株式会社講談社
東京都文京区音羽二丁目一二―二一　郵便番号一一二―八〇〇一
電話　〇三―五三九五―三五二一　編集（現代新書）
〇三―五三九五―五八一七　販売
〇三―五三九五―三六一五　業務
装幀者　中島英樹
本文データ作成　朝日メディアインターナショナル株式会社
印刷所　株式会社ＫＰＳプロダクツ
製本所　株式会社ＫＰＳプロダクツ
定価はカバーに表示してあります　Printed in Japan

「講談社現代新書」の刊行にあたって

教養は万人が身をもって養い創造すべきものであって、一部の専門家の占有物として、ただ一方的に人々の手もとに配布され伝達されうるものではありません。

しかし、不幸にしてわが国の現状では、教養の重要な養いとなるべき書物は、ほとんど講壇からの天下りや単なる解説に終始し、知識技術を真剣に希求する青少年・学生・一般民衆の根本的な疑問や興味は、けっして十分に答えられ、解きほぐされ、手引きされることがありません。万人の内奥から発した真正の教養への芽ばえが、こうして放置され、むなしく滅びさる運命にゆだねられているのです。

このことは、中・高校だけで教育をおわる人々の成長をはばんでいるだけでなく、大学に進んだり、インテリと目されたりする人々の精神力の健康さえもむしばみ、わが国の文化の実質をまことに脆弱なものにしています。単なる博識以上の根強い思索力・判断力、および確かな技術にささえられた教養を必要とする日本の将来にとって、これは真剣に憂慮されなければならない事態であるといわなければなりません。

わたしたちの「講談社現代新書」は、この事態の克服を意図して計画されたものです。これによってわたしたちは、講壇からの天下りでもなく、単なる解説書でもない、もっぱら万人の魂に生ずる初発的かつ根本的な問題をとらえ、掘り起こし、手引きし、しかも最新の知識への展望を万人に確立させる書物を、新しく世の中に送り出したいと念願しています。

わたしたちは、創業以来民衆を対象とする啓蒙の仕事に専心してきた講談社にとって、これこそもっともふさわしい課題であり、伝統ある出版社としての義務でもあると考えているのです。

一九六四年四月　野間省一

哲学・思想Ⅰ

哲学・思想Ⅱ

世界の言語・文化・地理

心理・精神医学

知的生活のヒント

文学

趣味・芸術・スポーツ

620 時刻表ひとり旅——宮脇俊三
676 酒の話——小泉武夫
1025 J・S・バッハ——礒山雅
1287 写真美術館へようこそ——飯沢耕太郎
1404 踏みはずす美術史——森村泰昌
1422 演劇入門——平田オリザ
1454 スポーツとは何か——玉木正之
1510 最強のプロ野球論——二宮清純
1653 これがビートルズだ　中山康樹
1723 演技と演出——平田オリザ
1765 科学する麻雀——とつげき東北
1808 ジャズの名盤入門——中山康樹
1890 「天才」の育て方——五嶋節
1915 ベートーヴェンの交響曲——金聖響 玉木正之
1941 プロ野球の一流たち　二宮清純
1970 ビートルズの謎——中山康樹
1990 ロマン派の交響曲——金聖響 玉木正之
2007 落語論——堀井憲一郎
2045 マイケル・ジャクソン——西寺郷太
2055 世界の野菜を旅する　玉村豊男
2058 浮世絵は語る——浅野秀剛
2113 なぜ僕はドキュメンタリーを撮るのか——想田和弘
2132 マーラーの交響曲——金聖響 玉木正之
2210 騎手の一分——藤田伸二
2214 ツール・ド・フランス　山口和幸
2221 歌舞伎　家と血と藝　中川右介
2270 ロックの歴史——中山康樹
2282 ふしぎな国道——佐藤健太郎
2296 ニッポンの音楽——佐々木敦
2366 人が集まる建築——仙田満
2378 不屈の棋士——大川慎太郎
2381 138億年の音楽史　浦久俊彦
2389 ピアニストは語る　ヴァレリー・アファナシエフ
2393 現代美術コレクター　高橋龍太郎
2399 ヒットの崩壊——柴那典
2404 本物の名湯ベスト100　石川理夫
2424 タロットの秘密——鏡リュウジ
2446 ピアノの名曲——イリーナ・メジューエワ

日本語・日本文化

105 タテ社会の人間関係——中根千枝
293 日本人の意識構造——会田雄次
444 出雲神話——松前健
1193 漢字の字源——阿辻哲次
1200 外国語としての日本語——佐々木瑞枝
1239 武士道とエロス——氏家幹人
1262 「世間」とは何か——阿部謹也
1432 江戸の性風俗——氏家幹人
1448 日本人のしつけは衰退したか——広田照幸
1738 大人のための文章教室——清水義範
1943 なぜ日本人は学ばなくなったのか——齋藤孝
1960 女装と日本人——三橋順子

2006 「空気」と「世間」——鴻上尚史
2013 日本語という外国語——荒川洋平
2067 日本料理の贅沢——神田裕行
2092 新書 沖縄読本——下川裕治 仲村清司 著・編
2127 ラーメンと愛国——速水健朗
2173 日本人のための日本語文法入門——原沢伊都夫
2200 漢字雑談——高島俊男
2233 ユーミンの罪——酒井順子
2304 アイヌ学入門——瀬川拓郎
2309 クール・ジャパン!?——鴻上尚史
2391 げんきな日本論——橋爪大三郎 大澤真幸
2419 京都のおねだん——大野裕之
2440 山本七平の思想——東谷暁